O universo lúdico no contexto pedagógico

SÉRIE PANORAMAS DA PSICOPEDAGOGIA

2ª edição

O universo lúdico no contexto pedagógico

Karyn Liane Teixeira de Lemos

Rua Clara Vendramin, 58 . Mossunguê
CEP 81200-170 . Curitiba . PR . Brasil
Fone: (41) 2106-4170
www.intersaberes.com
editora@intersaberes.com

Conselho editorial
Dr. Alexandre Coutinho Pagliarini
Drª Elena Godoy
Dr. Neri dos Santos
Mª Maria Lúcia Prado Sabatella
Editora-chefe
Lindsay Azambuja
Gerente editorial
Ariadne Nunes Wenger
Assistente editorial
Daniela Viroli Pereira Pinto
Edição de texto
Monique Francis Fagundes Gonçalves
Capa
Iná Trigo (*design*)
Sílvio Gabriel Spannenberg (adaptação)
agsandrew/Shutterstock (imagem)
Projeto gráfico
Iná Trigo
Diagramação
Iná Trigo
Equipe de *design*
Sílvio Gabriel Spannenberg
Iconografia
Regina Claudia Cruz Prestes

Dados Internacionais de Catalogação na Publicação (CIP)
(Câmara Brasileira do Livro, SP, Brasil)

Lemos, Karyn Liane Teixeira de
 O universo lúdico no contexto pedagógico / Karyn Liane Teixeira de Lemos. -- 2. ed. -- Curitiba, PR : Editora InterSaberes, 2023. -- (Série panoramas da psicopedagogia)

 Bibliografia.
 ISBN 978-85-227-0691-4

 1. Atividades criativas 2. Brincadeiras 3. Brinquedos 4. Crianças – Desenvolvimento 5. Jogos educativos 6. Jogos infantis 7. Ludismo 8. Pedagogia 9. Psicologia infantil I. Título II. Série.

23-155641   CDD-371.397

Índices para catálogo sistemático:
1. Crianças: Desenvolvimento: Jogos e brincadeiras: Educação   371.397
 Eliane de Freitas Leite – Bibliotecária – CRB 8/8415

1ª edição, 2018.
2ª edição, 2023.

Foi feito o depósito legal.

Informamos que é de inteira responsabilidade da autora a emissão de conceitos.

Nenhuma parte desta publicação poderá ser reproduzida por qualquer meio ou forma sem a prévia autorização da Editora InterSaberes.

A violação dos direitos autorais é crime estabelecido na Lei n. 9.610/1998 e punido pelo art. 184 do Código Penal.

Sumário

Sumário, 5
Apresentação, 13
Organização didático-pedagógica, 19
Introdução, 23

Capítulo 1   História da ludicidade e manifestações culturais, 26
1.1 Conceitos de infância, ludicidade e cultura, 27
1.2 Épocas diferentes, brincadeiras diferentes, 34
1.3 Brincadeiras diferentes, influências culturais diferentes, 41
1.4 História das brincadeiras no Brasil, 46
1.5 Ludicidade e novas tecnologias, 51

Capítulo 2   Teorias que valorizam jogos e brincadeiras, 64
2.1 Jean Piaget e os enigmas da inteligência infantil, 65
2.2 Lev Vygotsky e o mundo da imaginação, 73
2.3 Henri Wallon e a liberdade para brincar, 80
2.4 Maria Montessori e a natureza sensorial infantil, 85
2.5 Outros autores e a importância do brincar, 90

Capítulo 3   Mundo fantástico da imaginação, 106
3.1 Valor e significado do faz de conta nas brincadeiras, 107
3.2 Dramatização misturando realidade e fantasia, 110
3.3 Literatura infantil e faz de conta, 116
3.4 Desenhos e escrita no faz de conta, 121
3.5 Papel dos adultos no faz de conta, 127

Capítulo 4   A escola como espaço para brincar e aprender, 138
4.1 Implicações da ludicidade no trabalho do professor, 139
4.2 O lúdico no diagnóstico e no desenvolvimento da aprendizagem, 143
4.3 O prazer de aprender matemática, 149
4.4 Alfabetização e outras áreas do conhecimento em uma perspectiva lúdica, 156
4.5 Psicomotricidade: o lúdico na interação entre corpo e mente, 164

Capítulo 5   Jogos, diversão e conhecimento, 178
5.1 Jogos educativos: brincar e aprender, 179
5.2 Jogos de regras: seguindo o combinado, 183
5.3 Jogos cooperativos: vamos todos participar?, 188
5.4 Jogos de construção: fábrica de brincadeiras, 193
5.5 Jogos digitais e gamificação de conteúdos curriculares, 197

Capítulo 6　Espaços de lazer, cultura e movimento, 212
6.1 Brincadeiras musicais: Que música é esta?, 213
6.2 Ritmo e batidas musicais, 220
6.3 Corpo, dança e equilíbrio: Vamos nos mexer?, 227
6.4 Artes visuais e manifestações culturais, 232
6.5 Um mundo chamado *brinquedoteca*, 238

Considerações finais, 251
Referências, 255
Bibliografia comentada, 265
Respostas, 269
Sobre a autora, 271

Para meu filho, Gabriel, que já dá os primeiros passos para embrenhar-se no universo mágico da ludicidade e é fonte inspiradora de cada palavra deste livro.

E para meu marido, Raphael, que abriu a primeira porta para a concretização deste sonho.

Meu especial agradecimento à professora
Genoveva Ribas Claro, pela confiança,
pela amizade e pelo respeito. Sem ela,
esta obra não teria nascido.

Apresentação

A **ludicidade** é um conceito em permanente construção e passou por diversas transformações em diferentes contextos históricos e culturais. Nesta obra, pretendemos propor uma reflexão sobre a importância dos aspectos lúdicos no desenvolvimento humano tomando como base a diversidade cultural e as heranças históricas que delinearam as diversas concepções de *ludicidade*. Como se trata de uma obra voltada especialmente para o público de educadores que deseja repensar suas estratégias para a educação infantil e os anos iniciais do ensino fundamental, procuramos apresentar conceitos embasados em diversos teóricos e ainda trazer reflexões e sugestões que podem integrar-se às mais diversas práticas pedagógicas.

Um dos objetivos deste livro é desmistificar a associação da ludicidade unicamente aos jogos. Os aspectos lúdicos podem envolver atividades em diversas áreas, as quais, por meio do brincar, também levam ao prazer e à vivência plena. A ludicidade promove o encontro entre o brincar e o aprender. A criança também brinca quando desenha, quando dança, quando se sensibiliza com uma música, quando interpreta um personagem, quando se envolve no faz de conta, enfim, quando aprende de forma prazerosa. A brincadeira deixa de ser mero passatempo ou lazer e ganha uma conotação de vivência plena para garantir o desenvolvimento físico, mental, corporal e afetivo muito mais saudável.

Nesta obra, portanto, defendemos o ato de brincar – ação primordial para o desenvolvimento infantil – e, consequentemente, a liberdade de expressão, o respeito ao próximo e a ação do adulto como incentivador das práticas lúdicas. Ao contrário do que muitos pensam, a ludicidade não precisa estar alicerçada na concretude dos brinquedos. Ela também surge onde há fantasia, mistério, sonho e imaginação. O adulto, que já passou por essa fase, muitas vezes se esquece disso e deixa de compreender como esse universo lúdico funciona. Por isso, pretendemos resgatar os aspectos lúdicos presentes em nossa vida por meio da valorização da ludicidade, respeitando a diversidade cultural e histórica presente em nossa sociedade.

Organizamos este livro em seis capítulos, sem a pretensão de esgotar os assuntos abordados. Cabe a você, leitor, buscar outras literaturas e, sempre que possível, procurar se aprofundar nas fontes citadas. O universo lúdico é bastante amplo para ser tratado em uma única obra; portanto, a nossa intenção aqui é abrir novos horizontes e despertar a curiosidade de aprender cada vez mais sobre o tema.

Assim sendo, no Capítulo 1, "História da ludicidade e manifestações culturais", introduzimos o tema por meio da compreensão dos principais conceitos relacionados à ludicidade, de suas funções e dos aspectos históricos e culturais envolvidos. Abordamos nesse capítulo os conceitos de infância, ludicidade e cultura e suas relações; o contexto dos jogos, brinquedos e brincadeiras que fizeram parte da cultura ocidental desde a Antiguidade até o século XX; as relações entre cultura, infância, brinquedos e brincadeiras; as heranças culturais que influenciaram as brincadeiras no Brasil;

e como as novas tecnologias transformaram o paradigma lúdico dos jogos e das brincadeiras.

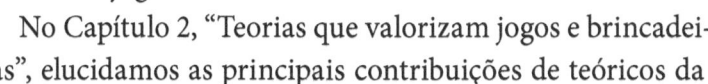

No Capítulo 2, "Teorias que valorizam jogos e brincadeiras", elucidamos as principais contribuições de teóricos da educação e da psicologia para a valorização de ambientes e atividades lúdicas. Nesse capítulo, nosso objetivo é, em conjunto com você, leitor, analisar o papel do jogo na construção da inteligência infantil; relacionar as atividades lúdicas da criança com base em uma perspectiva sociocultural; identificar a relação da ludicidade com a afetividade, a inteligência e o movimento; e sintetizar o pensamento de teóricos sobre brincadeiras e jogos no desenvolvimento infantil.

No Capítulo 3, propomos um mergulho no mundo fantástico da imaginação, identificando os principais elementos que contribuem para o desenvolvimento criativo nas brincadeiras de faz de conta. Nosso intuito nesse capítulo é levá-lo a reconhecer a importância do faz de conta para o desenvolvimento infantil; os aspectos funcionais da dramatização para o desenvolvimento da criatividade e da imaginação; a contribuição da contação de histórias e dos livros infantis para a imaginação e a inspiração das crianças; a contribuição do desenho e da escrita para o desenvolvimento criativo do faz de conta; e o papel dos adultos na estimulação da criatividade infantil.

No Capítulo 4, "A escola como espaço para brincar e aprender", fazemos uma reflexão sobre a importância das atividades lúdicas nos espaços escolares como suporte para a aprendizagem. Você será convidado a identificar os principais aspectos do perfil do educador na abordagem lúdica; a compreender como a ludicidade pode auxiliar no diagnóstico e no desenvolvimento da aprendizagem infantil; a associar processos de alfabetização, raciocínio lógico e conteúdos curriculares com atividades lúdicas, promovendo estratégias didáticas; e a perceber a importância dos aspectos lúdicos em atividades psicomotoras.

No Capítulo 5, "Jogos, diversão e conhecimento", abordamos os principais tipos de jogos utilizados nos espaços educacionais, suas funções e contribuições didáticas. Nesse capítulo, você poderá identificar os jogos com finalidade educacional e seus objetivos no desenvolvimento da aprendizagem; refletir sobre a elaboração de regras adequadas para o bom desenvolvimento do jogo; perceber a importância dos jogos cooperativos no desenvolvimento psicossocial infantil; reconhecer a importância de construir e confeccionar materiais na elaboração dos próprios jogos; e compreender como os jogos digitais e a gamificação podem favorecer ludicamente a aprendizagem.

Finalmente, no Capítulo 6, "Espaços de lazer, cultura e movimento", disponibilizamos informações que podem ajudá-lo a reconhecer a importância de espaços lúdicos que favoreçam diversas possibilidades didático-pedagógicas. Nesse último capítulo, você será convidado a perceber a influência da música em nossas emoções; a apreciar os mais diversos estilos musicais e cantigas infantis; a conhecer diferentes elementos que fazem parte de uma composição musical; a reconhecer as diversas expressões corporais em espaços educativos; a refletir sobre espaços onde se desenvolvem movimentos artísticos e culturais; e a identificar as possibilidades lúdicas, criativas e educativas da brinquedoteca.

Repensar os espaços educativos para que integrem aspectos de ludicidade é um exercício constante. Essa reflexão deve acontecer em meio a uma prática flexível e criativa. Nada que é engessado e imutável é capaz de atender as necessidades de nossas crianças, pois a história e a cultura conferem dinamismo a uma sociedade que se encontra em constante transformação.

Desejamos que a leitura desta obra seja, acima de tudo, uma atividade lúdica que estimule a curiosidade, promova a reflexão crítica e desperte o espírito investigativo em você.

Organização didático-pedagógica

Esta seção tem a finalidade de apresentar os recursos de aprendizagem utilizados no decorrer da obra, de modo a evidenciar os aspectos didático-pedagógicos que nortearam o planejamento do material e como o aluno/leitor pode tirar o melhor proveito dos conteúdos para seu aprendizado.

Introdução do capítulo

Logo na abertura do capítulo, você é informado a respeito dos conteúdos que nele serão abordados, bem como dos objetivos que a autora pretende alcançar.

Síntese

Você conta, nesta seção, com um recurso que o instigará a fazer uma reflexão sobre os conteúdos estudados, de modo a contribuir para que as conclusões a que você chegou sejam reafirmadas ou redefinidas.

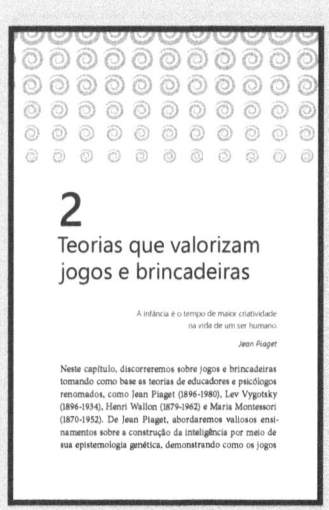

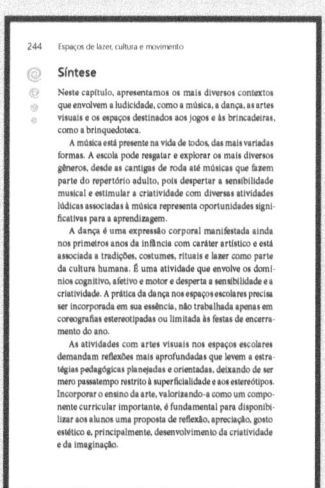

Indicações culturais

Nesta seção, a autora oferece algumas indicações de livros, filmes ou *sites* que podem ajudá-lo a refletir sobre os conteúdos estudados e permitir o aprofundamento em seu processo de aprendizagem.

Atividades de autoavaliação

Com estas questões objetivas, você tem a oportunidade de verificar o grau de assimilação dos conceitos examinados, motivando-se a progredir em seus estudos e a se preparar para outras atividades avaliativas.

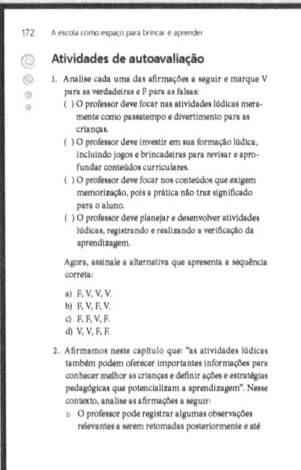

Atividades de aprendizagem

Aqui você dispõe de questões cujo objetivo é levá-lo a analisar criticamente determinado assunto e aproximar conhecimentos teóricos e práticos.

Bibliografia comentada

Nesta seção, você encontra comentários acerca de algumas obras de referência para o estudo dos temas examinados.

Introdução

Antes de iniciar a leitura deste livro, propomos um pequeno exercício, sugerido a seguir:

Sugestão:
Pegue um lápis e um papel e liste as cinco lembranças de sua infância que mais deixam você feliz. Para facilitar, pense nos seguintes elementos: o que você fazia, que idade mais ou menos tinha, onde estava, com quem estava e por que essa é uma lembrança tão importante para você. Quais aspectos dessas cinco lembranças você trouxe como alicerce para a vida adulta?

Algumas dessas lembranças estão relacionadas a brincadeiras com pessoas que você estima? Ou a algum jogo em que se destacava? Ou a uma atividade que permitiu a você aprender algo que hoje lhe dá prazer ou que o faz sentir mais vivo? Ou a algum acontecimento na sua escola?

Por que fazer esse exercício é tão importante? Porque a leitura deste livro implica muito mais do que o acesso a um referencial teórico para a assimilação de conteúdos. Implica despertar para a **sensibilidade**. A sensibilidade está relacionada a nossos sentimentos, e as boas lembranças da infância despertam emoções como alegria e saudade. Aqui é importante destacar que a afetividade está intimamente relacionada com a inteligência.

Quando estamos mais sensíveis, ficamos mais receptivos a novas ideias. Quem convive com crianças conhece a importância da sensibilidade e do afeto nas relações; mas, como adultos "racionais" que somos, às vezes esquecemos que a vida não é mera imposição de valores e de conceitos para moldar as crianças conforme regras sociais estabelecidas. Com essa atitude, deixamos de escutá-las, de saber quais são seus anseios, seus medos e seus desejos – ou seja, nos tornamos insensíveis. A história mostra que o conceito de **infância** sofreu grande variação ao longo do tempo, sendo o que temos hoje muito diferente daquele vigente na época de nossos antepassados e possivelmente distinto daquele que conhecerão nossos bisnetos. Essa variação também ocorre de cultura para cultura. E você? Está sensível a esses diferentes conceitos?

Quando permitimos que nossa sensibilidade aflore, percebemos o quanto o ato de brincar é importante para o desenvolvimento e a construção da identidade. Brincar é uma necessidade na infância que apresenta variações culturais, aproxima-nos do outro e constitui-se como estrutura para a formação de nossa personalidade; é só observar como acontece a entrega durante as brincadeiras, o nível de concentração e a intensidade, bem como o valor que a criança tem em seu mundo de faz de conta.

Com base nessa percepção, ficamos mais conscientes com relação à magia que transcende o universo do lúdico na infância. O que nos leva a refletir: Como é ser crianças nos dias de hoje? O que ganhamos e o que perdemos na comparação com nossos antepassados? O que podemos esperar no que diz respeito às relações entre infância e educação no universo da ludicidade para as gerações futuras? Para ajudar nessas reflexões, você poderá agora mergulhar um pouco nesse universo e desenvolver seus próprios argumentos.

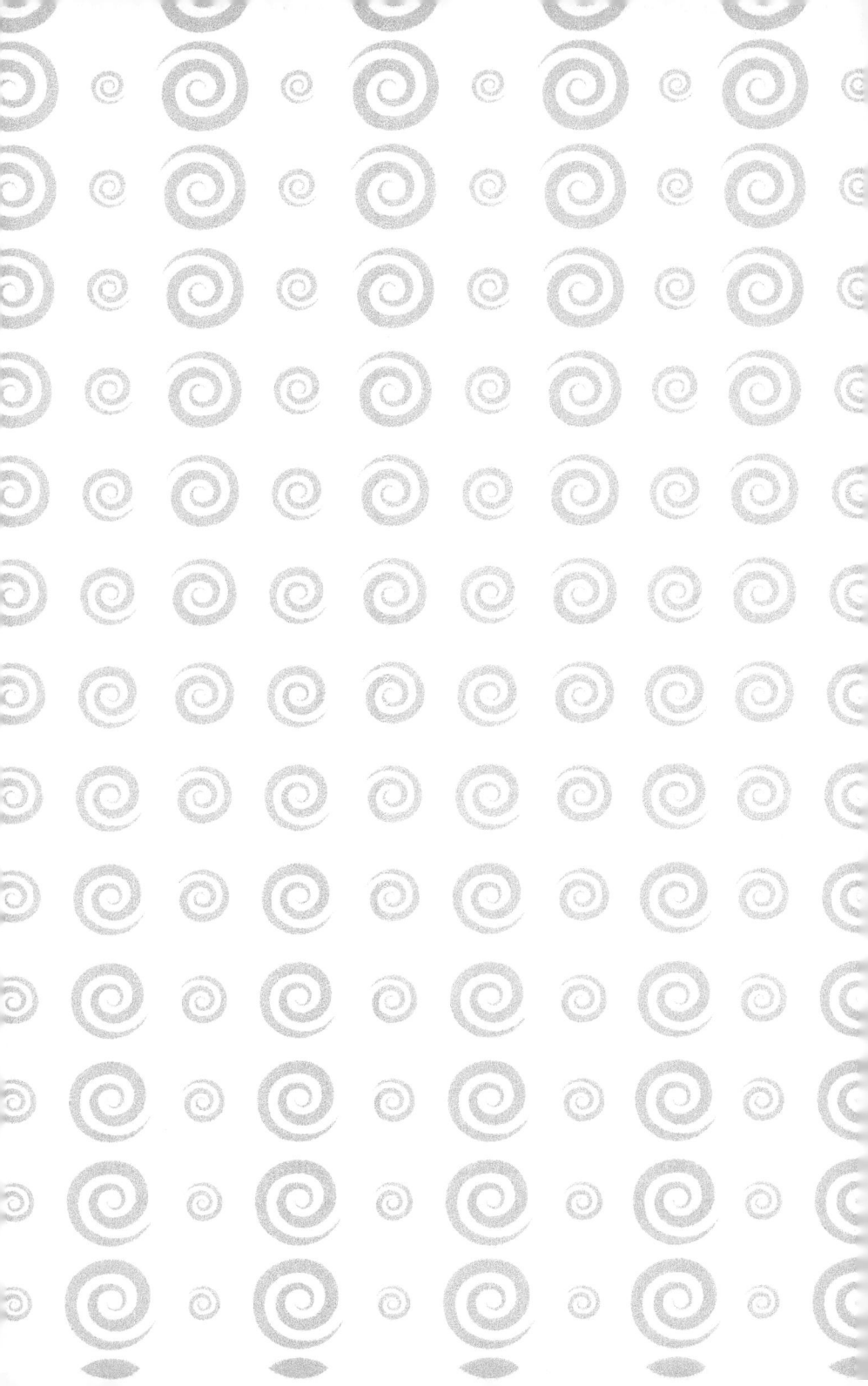

1
História da ludicidade e manifestações culturais

> Oh! Que saudades que tenho
> Da aurora da minha vida,
> Da minha infância querida
> Que os anos não trazem mais!
>
> *Casimiro de Abreu*

Neste primeiro capítulo, exploraremos os conceitos de **infância**, **ludicidade** e **cultura** analisando o contexto dos jogos, dos brinquedos e das brincadeiras utilizados desde a Antiguidade até o século XX. Verificaremos, por meio de alguns exemplos, como esses elementos apresentam profundas raízes culturais – algumas das quais precisam ser repensadas. É o caso de brinquedos que reforçam estereótipos, que aprofundam a desigualdade de gênero e supervalorizam a competição. Você conhecerá as culturas que herdamos e que se revelam em nosso modo de brincar e como elas estão relacionadas à história do Brasil. Por fim, faremos uma análise crítica sobre os jogos e as brincadeiras do século XXI e como as tecnologias modernas estão criando novos paradigmas na forma como as crianças brincam atualmente.

1.1
Conceitos de infância, ludicidade e cultura

Você tem percebido que a infância está sendo cada vez mais valorizada em diversos aspectos sociais e culturais? Inúmeras escolas de educação infantil, creches e berçários vêm adaptando suas instalações com maior rigor para receber um número crescente de crianças cujos pais precisam trabalhar. Além disso, você provavelmente já observou que restaurantes, *shopping centers*, parques, cinemas, teatros, museus e outros estabelecimentos comerciais procuram oferecer ambientes ou serviços exclusivos para crianças. Surge, então, a pergunta: Essa valorização comercial crescente de espaços infantis reflete uma sociedade na qual a criança acompanha cada vez mais os adultos em compras, serviços e passeios. Essa hipervalorização faz parte de um conceito muito recente de infância se comparado às gerações de nossos antepassados.

Nem sempre a **infância** esteve associada à liberdade de brincar e à generosa variedade de espaços destinados às crianças. No Brasil, o Estatuto da Criança e do Adolescente (ECA) – Lei n. 8.069, de 13 de julho de 1990 –, em seu art. 2º, considera *criança*, "a pessoa até doze anos de idade incompletos, e adolescente aquela entre doze e dezoito anos de idade" (Brasil, 1990). Esse período da vida de uma criança é aceito e determinado em muitas culturas atualmente, mas uma concepção mais específica de *infância*, que envolve atitudes, valores e comportamentos, se constrói, social e culturalmente, de maneira dinâmica e célere.

Para elucidar essa informação, reflita sobre seus comportamentos, brinquedos e brincadeiras na infância. Em que aspectos eles são semelhantes aos da geração de hoje? E em que se diferenciam destes? E quanto às gerações anteriores à sua, como a dos seus pais e avós? O que mudou e por que você acha que essas mudanças ocorreram?

Podemos afirmar que as experiências pessoais que cada pessoa teve na infância são singulares, independentemente do espaço onde ela se encontra no mundo ou do período em que vive. O que não varia é o fato de que a infância é uma etapa de grande desenvolvimento cognitivo, afetivo, físico e psíquico, que ocorre por meio da construção e reconstrução de saberes.

A maneira como nós, seres humanos, aprendemos e amadurecemos abriu precedentes para a elaboração de diferentes teorias e concepções acerca do desenvolvimento humano e, consequentemente, do conceito de infância. Entre essas concepções, três se destacam pelas particularidades das suas argumentações: a inatista, a ambientalista e a interacionista, que serão descritas a seguir.

Segundo a **concepção inatista**, também dita *apriorista*, as características congênitas de uma criança definem não somente suas características físicas, mas principalmente seu caráter, sua personalidade e seus padrões de comportamento. Inspirados pela filosofia racionalista de Platão, os inatistas defendem que são as ideias inatas, determinadas *a priori* no indivíduo, as responsáveis por determinar os gostos e as habilidades que serão plenamente desenvolvidos até a fase adulta. Assim, caberia à escola identificar e aprimorar esses talentos inatos em cada criança, por meio do desenvolvimento de habilidades relacionadas aos esportes, às artes ou ao raciocínio lógico, por exemplo.

A **concepção ambientalista**, também denominada *empirista* e inspirada nos preceitos filosóficos de Aristóteles e John Locke, defende um conceito absolutamente oposto ao da concepção inatista. Considera que o desenvolvimento humano é influenciado predominantemente pelas ações do meio. Segundo essa concepção, uma criança assimila passivamente todas as ações exercidas pelo ambiente, sendo este o principal agente modelador de comportamentos na infância. Um ambiente violento, hostil ou que limita consideravelmente ações lúdicas e brincadeiras tenderia a transformar as crianças nele inseridas em adultos violentos e hostis. Isso porque, para os defensores do ambientalismo, a criança não tem livre-arbítrio ou poder de escolha. De acordo com Locke (1979), o ser humano vem ao mundo como uma "tábula rasa" e sua mente é comparada a uma folha de papel em branco a ser preenchida pelas experiências do indivíduo com o meio. A criança experimenta o mundo por meio dos sentidos, e as experiências que dele obtém são verdadeiras em sua essência. Quem não se lembra de um cheirinho de xampu, do gosto de um doce ou de uma música que remete prontamente às lembranças da infância? Para os ambientalistas, as experiências sensoriais, lúdicas ou não, determinam os comportamentos, a personalidade e o caráter da criança, e não as predisposições genéticas.

Tendo alcançado destaque no início do século XX com o surgimento do behaviorismo, a concepção ambientalista está ainda hoje fortemente enraizada nos padrões de comportamento de muitas famílias e instituições educacionais. O simples cenário da família que tem o pai como chefe e as crianças como indivíduos que devem obediência cega aos pais ainda persiste, mesmo com uma parcela da sociedade defendendo que isso precisa mudar. A criança de hoje está propensa a viver a infância em diferentes contextos familiares que não os formados apenas por pai, mãe e filhos, mas também somente por pai ou mãe, por dois pais ou duas mães, por avós ou outros cuidadores. O conceito de **família** tem mudado, alterando também a maneira como a criança vive a infância. Essa nova maneira de pensar, que define novos ajustes sociais, tem possibilitado a aceitação de uma concepção mais democrática e não sectária de desenvolvimento humano: a concepção interacionista.

A **concepção interacionista**, por sua vez, compreende que as crianças são sujeitos ativos em suas interações com o meio, que não são passivamente afetadas por ele (ambientalismo) nem sofrem determinismo biológico (inatismo). A infância nesse contexto é valorizada e reconhecida como uma fase significativa para o desenvolvimento humano.

Essa é a concepção que mais preconiza e defende a ludicidade como elemento inerente à infância e fundamental para o desenvolvimento do ser humano. Inúmeros autores que se inspiraram nessa concepção, como Piaget (1896-1980), Vygotsky (1896-1934), Wallon (1879-1962) e Montessori (1870-1952), escreveram livros e artigos valorizando o ato de brincar e o lúdico na infância como princípios essenciais para o desenvolvimento infantil. De acordo com Duprat (2014, p. 3), "diversos filósofos, psicólogos, psiquiatras e pedagogos enxergam o quanto as atividades lúdicas eram importantes na formação de uma criança. Assim, desde o século XIX, esses pensadores passaram a teorizar cientificamente sobre o assunto".

O conceito de **ludicidade** e a importância do brincar vêm permeando o desenvolvimento infantil e têm contribuído significativamente para aprimorar a inteligência, a socialização e as habilidades psicomotoras das crianças. Quando abordamos tal conceito, o que exatamente vem à sua mente? Como diferenciar as atividades lúdicas das não lúdicas?

Fazendo uma análise semântica e etimológica da palavra *ludicidade*, Massa (2015) afirma que sua origem vem da palavra latina *ludus*, que significa "jogo, exercício ou imitação". No entanto, os conceitos de **jogo**, de **brincadeira** e de **brinquedo** podem variar conforme a cultura ou o período histórico no qual estão inseridos. Se perguntar a algumas pessoas o que é *jogo* ou o que é *brincadeira*, você obterá respostas diferentes. Alguns, de maneira ingênua, atrelam esses conceitos a entretenimento, passatempo, lazer, distração, ócio e até mesmo falta de seriedade ou perda tempo. Justamente por isso essas pessoas não conseguem conceber os jogos e as brincadeiras como recursos que contribuem para o desenvolvimento humano e para a aprendizagem.

Para Rau (2012, p. 28), "a ludicidade é uma possibilidade pedagógica que, fortalecida pelos diferentes tipos de linguagem, como a música, a arte, o desenho, a dramatização, a dança, entre outros, torna significativos os conceitos a serem trabalhados". Portanto, a ludicidade não se aplica a contextos que se limitam a jogos, divertimentos e brincadeiras. Luckesi (1998) chama a atenção para a frequente associação entre *ludicidade* e *diversão* e destaca que uma atividade lúdica não necessariamente precisa ser divertida. Para o autor, "o que mais caracteriza a ludicidade é a experiência de plenitude que ela possibilita a quem a vivencia em seus atos. A experiência pessoal de cada um de nós pode ser um bom exemplo de como ela pode ser plena quando a vivenciamos com ludicidade" (Luckesi, 1998, p. 6). Portanto, de acordo com Luckesi (1998, p. 6), mais importante que a diversão ou o prazer em si é a sensação de plenitude que se tem ao realizar uma atividade lúdica "através de múltiplas experiências que possibilitam acessar diversos estados de consciência".

Deve estar claro que as atividades lúdicas, incluindo jogos e brincadeiras, não apresentam uma característica universal e atemporal, pois são cingidas pela cultura e pelo momento sócio-histórico em que se desenvolvem. Para entender melhor essa afirmação, é preciso compreender o conceito de **cultura** em sua complexidade e diversidade. Conforme Laraia (2001, p. 31),

> culturas são sistemas (de padrões de comportamento socialmente transmitidos) que servem para adaptar as comunidades humanas aos seus embasamentos biológicos. Esse modo de vida das comunidades inclui tecnologias e modos de organização econômica, padrões de estabelecimento, de agrupamento social e organização política, crenças e práticas religiosas, e assim por diante.

Podemos afirmar, então, que a cultura intermedeia todas as relações humanas e interfere significativamente em práticas sociais, rotinas, valores, costumes, linguagens, objetos e instrumentos utilizados? Certamente. A criança já nasce imersa em um mundo social e cultural e o interpreta por meio de suas experiências, de suas relações com os adultos e do ambiente em que está inserida. Vygotsky (1984, p. 34), afirma que "As raízes do desenvolvimento de duas formas fundamentais, culturais, de comportamento, surgem durante a infância: o uso de instrumentos e a fala humana. Isso, por si só, coloca a infância no centro da pré-história do desenvolvimento cultural". As experiências lúdicas vivenciadas na infância são entremeadas pelas influências culturais, o que nos leva a presumir que o ato de brincar pode ser comum a todas as culturas, mas as brincadeiras e os brinquedos são distintos.

Felizmente, a humanidade preservou uma intensa diversidade cultural em que é possível observar os mais variados aspectos lúdicos que desenham a infância de muitas comunidades e nações do planeta. Se olharmos para o passado, veremos o quanto os conceitos de infância, jogo e brincadeira se modificaram com o passar dos séculos. Algumas peculiaridades lúdicas se perpetuaram, mas outras foram esquecidas e se perderam no tempo.

1.2
Épocas diferentes, brincadeiras diferentes

Entrar em uma máquina e viajar no tempo para saber como eram as atividades lúdicas em outras épocas seria uma aventura fascinante. Será que os jogos e as brincadeiras sempre existiram, desde os mais remotos períodos da história da humanidade? Será que a ludicidade sempre esteve atrelada à infância? E o que hoje conceituamos como *brinquedo* sempre foi considerado assim?

Hoje temos acesso a registros de desenhos em cavernas datados de 30 mil anos, os quais mostram que a bola já era utilizada em seu formato esférico, e a bonecos de barro que podem ter sido feitos há 40 mil anos. Além disso, escavações revelaram a tradição do Antigo Egito de enterrar as pessoas com objetos que as acompanhariam ao mundo dos mortos, com muitos bonecos utilizados para esse fim. É também do Egito que temos notícia dos primeiros bambolês utilizados por artistas e da origem da amarelinha.

A possível origem da amarelinha está no "Livro dos Mortos do Antigo Egito", considerado o primeiro livro da humanidade. No papiro que continha os hieróglifos egípcios, era apresentada a certeza que a vida não acabava na terra e indicava respostas e indicações para uma feliz ascensão rumo à morada dos deuses. Sendo assim, a amarelinha, [sic] aparece como um ritual de passagem do morto para a eternidade. (Santos, 2009, p. 7)

As informações sobre a origem dos brinquedos e das brincadeiras carecem de fontes mais precisas, mas já evidenciam que essas atividades, consideradas lúdicas atualmente, nem sempre foram praticadas para garantir a diversão das crianças.

Uma das atividades lúdicas mais expressivas na história da humanidade são os jogos. O vocábulo *jogo* costuma evocar mais de um significado. No inglês, a palavra *play* pode ser traduzida como "jogar", "brincar" ou "produzir um som". Algumas palavras carregam elementos etimológicos que traduzem significados que podem variar tanto em épocas quanto em culturas diferentes. O termo *jogo* é uma delas.

Quando falamos em *jogos* e associamos a palavra à Grécia, por exemplo, logo vem a nossa mente a expressão *Jogos Olímpicos*. Sabemos que os Jogos Olímpicos tiveram teve origem entre os gregos antigos, por volta de 700 a.C., como uma festa religiosa em homenagem a Zeus, o deus do Olimpo. Era um evento de grande porte, competitivo, que em nada se assemelhava aos jogos que se brincam na infância.

Contudo, também são da Grécia as primeiras referências de jogos e brincadeiras relacionados à infância. Os gregos chamavam esses jogos e brincadeiras de *paidia*. Para

Caillois (1961), a *paidia* tinha uma característica despretensiosa e, ao contrário dos jogos olímpicos, permitia a criação e a mudança de regras, era repleta de improvisações, traduzia uma alegria despreocupada e incentivava as manifestações de fantasia com plena liberdade. É o que podemos considerar a essência da infância em sua plenitude, uma vez que não havia limites para a imaginação infantil. Lima (2015), afirma que o filósofo grego Aristóteles preconizava o uso dos jogos como atividades que preparavam as crianças para viver na sociedade adulta, não como passatempo. Essa afirmação demonstra a importância da vivência lúdica na infância para a formação dos cidadãos gregos. Para Aristóteles, a ludicidade tinha um caráter pragmático.

Para os romanos, a realidade era outra. Caillois (1961) afirma que o *ludus* tinha uma característica oposta à da *paidia*: a liberdade e a impulsividade das brincadeiras precisavam ser disciplinadas e convencionadas arbitrariamente para obter o efeito desejado. Os jogos eram direcionados e estavam sujeitos a regras e subordinados a valores morais e culturais. A liberdade de manifestar as fantasias, como na *paidia*, era impraticável. Os romanos costumavam depreciar manifestações intelectuais e criativas e reverenciar a força física. Sendo assim, o jogo tinha o objetivo de disciplinar os meninos e prepará-los para a guerra. E quanto às meninas? Elas tinham função puramente doméstica e eram totalmente subjugadas pelo chefe de família.

Seguindo pela história ocidental, na Idade Média, um período que corresponde a quase mil anos (de 476 a 1453, aproximadamente), os jogos e as brincadeiras como manifestados na Antiguidade foram censurados e proibidos pela Igreja. As brincadeiras se opunham à seriedade na aquisição de conhecimentos, que se qualificavam pela escrita, leitura e memorização de fatos concebidos pelos clérigos. Nesse período da história – que atualmente é considerado um estímulo para o imaginário infantil, com contos de fadas, príncipes e princesas –, as crianças eram tratadas como adultos imperfeitos em miniatura. Qualquer atividade lúdica, ainda que quase inexistente ou marginalizada, era praticada tanto por crianças quanto por adultos, não apresentando caráter especialmente infantil.

Na época, as crianças tinham as mesmas funções sociais dos adultos e as famílias aguardavam ansiosamente que crescessem e passassem a ser mais produtivas. Seus poucos momentos de diversão se reduziam basicamente a imitar os adultos, simular brincadeiras com espadas e cavalos imaginários e utilizar fantoches improvisados. As atividades lúdicas eram limitadas até mesmo para a realeza e a nobreza. Os pequenos príncipes estavam predestinados a assumir o trono em qualquer idade e a nobreza se preocupava unicamente em tornar seus filhos cavaleiros reais. Para as meninas estavam reservadas as prendas domésticas e nada mais.

Da Idade das Trevas para a Idade das Luzes, os conceitos de **infância** e **ludicidade** se transformaram completamente. A partir do Renascimento, por volta do século XV, a ruptura com a Idade Média e o renascimento das ideias clássicas como um resgate à cultura greco-romana trouxeram novos ares para a incorporação da ludicidade nas ações cotidianas.

Figura 1.1 – *Jogos de Crianças (Children's Games)*, de Pieter Bruegel

BRUEGEL, P. **Jogos infantis (Children's Games)**.
1559-1560. Óleo sobre madeira: color.; 118 × 161 cm.
Kunsthistorisches Museum, Viena, Áustria.

Analisando a Figura 1.1, o que você consegue observar? É capaz de distinguir adultos e crianças? Quais jogos e brincadeiras consegue identificar?

A obra de Bruegel ilustra o novo cenário de liberdade para as práticas lúdicas. No contexto do Renascimento, os jogos e as brincadeiras passaram a ser considerados ações que estimulavam o desenvolvimento da criatividade e favoreciam a aprendizagem infantil. A defesa de John Locke (1632-1704) da percepção do mundo pelos sentidos incentivava as experiências sensoriais. Os preceitos do filósofo suíço Jean-Jacques Rousseau (1712-1778), que rejeitava a ideia da criança como adulto em miniatura, reafirmaram a natureza infantil como diferente da lógica adulta e construíram as primeiras pontes ligando a ludicidade às práticas pedagógicas.

Kishimoto (1990) esclarece que, na época, os jogos começaram a ser utilizados como elementos lúdicos para ensinar matemática, história, geografia e até religião. Os brinquedos começaram a ter um caráter mais infantil e eram produzidos artesanalmente tanto por adultos como pelas crianças. Mesmo após a separação do universo pueril do mundo adulto dar os primeiros passos, era comum, ainda no século XVIII, conforme Bernardes (2005), que crianças e adultos compartilhassem dos mesmos brinquedos e participassem das mesmas atividades lúdicas. "Homens, mulheres e crianças brincavam de cabra-cega, guerra de bolas de neve, jogos de salão, como o de rima e o de mímica, ouviam os contos de fantasmas, lobisomens e do Barba Azul, diante dos quais as crianças ficavam apavoradas" (Bernardes, 2005, p. 47). Ainda segundo o autor, até esse período, os brinquedos não eram divididos por gênero: "Nessa época não havia uma diferenciação entre brinquedos de meninos e de meninas. Luiz XIII brincava com bonecas e de fazer comidinhas com utensílios em miniatura, de prata, chumbo, cobre ou barro verde" (Bernardes, 2005, p. 47).

Perceba, com base nesses exemplos, como os aspectos lúdicos se moldam conforme as demandas da história. A Idade Contemporânea (do século XVIII aos dias atuais), marcada principalmente pela Revolução Industrial (de meados do século XVIII a meados do século XIX), modificou novamente o conceito de *infância* e, inicialmente, transformou objetos relacionados à produção industrial em brinquedos, como se fossem instrumentos de aprendizagem em um modelo fabril. Logicamente, a proposta era que a criança aprendesse a usar um instrumento de forma que não percebesse isso, ou seja, que tudo não passasse de uma simples brincadeira. Na época, o trabalho infantil não só era socialmente aceito como indispensável às famílias mais pobres.

A indústria dos brinquedos começou a se desenvolver no século XIX, destinada às crianças de famílias mais abastadas. A produção de brinquedos, feitos basicamente de madeira e tecido, exigia cada vez mais perfeição e inovação. Quando rompeu a Primeira Guerra Mundial (1914-1918), os jogos passaram a ter um caráter mais bélico (Kishimoto, 1990). "Findo o conflito, jogos militares dão lugar às práticas esportivas, predominando, no mercado, trens elétricos, autoramas, bicicletas, patins etc., mostrando a valorização do esporte em detrimento do militarismo" (Kishimoto, 1990, p. 42).

A partir de então, o brinquedo passou a ser um suporte cada vez mais presente nas brincadeiras infantis, colaborando para o progressivo aumento do consumismo. Quando, na década de 1950, o plástico passou a ser utilizado como matéria-prima na fabricação de brinquedos, teve início o processo de produção em série, incluindo os jogos de tabuleiros, a boneca Barbie e a bola de futebol no rol dos brinquedos mais populares do mundo.

Somente no começo do século XX, com o início dos trabalhos de autores que se preocuparam em investigar a psicologia infantil, como Piaget, Vygotsky e Wallon, a infância e as manifestações lúdicas ganharam um novo *status* e passaram a ser especialmente valorizadas no desenvolvimento infantil. Heywood (2004, p. 10) enfatiza que "somente em épocas comparativamente recentes veio a surgir um sentimento de que as crianças são especiais e diferentes, e, portanto, dignas de ser estudadas por si sós", isto é, os conceitos de infância, de ludicidade e de brincadeira que conhecemos hoje são bastante recentes no que diz respeito à história da humanidade. Os jogos, os brinquedos e as brincadeiras de ontem e de hoje se desenvolveram, como explicamos, com base em aspectos sociais e culturais, em uma visão de mundo heterogênea e, portanto, ocuparam os mais diversos papéis na história.

1.3
Brincadeiras diferentes, influências culturais diferentes

Conforme afirmamos até este ponto, o contexto histórico e social sempre influenciou o modo como a infância e a ludicidade foram tratadas. A criança já nasce imersa em uma cultura que delineia como ela se relacionará com os adultos e com outras crianças, com quais objetos interagirá com mais frequência e que experiências será capaz de extrair dessas relações. Os aspectos culturais também influenciam em sua maneira de vestir, comer, agir, falar, pensar e brincar. É claro que estamos nos referindo a questões mais genéricas, uma vez que existem aspectos subjetivos que tornam cada ser humano neste planeta um ser único. É a isso que Vygotsky se refere quando discorre sobre a **microgênese**, um plano genético que trata da evolução individual de cada ser (Oliveira; Rego, 2003). Os aspectos culturais tratados aqui estão em um plano mais abrangente, o da **sociogênese**, que compreende o estudo da história evolutiva social e cultural e impacta diretamente os comportamentos humanos.

Você já observou atentamente uma criança brincando? Ao fazer isso, analise quais marcas culturais estão presentes na percepção de mundo que ela tem e, em contrapartida, como ela imprime suas próprias marcas na cultura. O ato de brincar é tão importante que está garantido na Declaração dos Direitos da Criança (ONU, 1959) e no ECA (Brasil, 1990). Por que o ato de brincar é tão valorizado? Porque representa a verdadeira essência da infância e deixa pistas relevantes sobre os valores e crenças que a criança carrega consigo. É brincando livremente que as crianças desempenham os mais diversos papéis, desenvolvem habilidades e demonstram suas opiniões, emoções e preconceitos, tendo como alicerce modelos externos a elas, vindos dos adultos. Bemvenuti et al. (2012, p. 169), destacam que, "pelo seu caráter aleatório, a brincadeira também pode ser o espaço de reiteração de valores retrógrados, conservadores, com os quais a maioria das crianças se confronta diariamente". Esse movimento ocorre especialmente pela imitação de gestos, comportamentos e atitudes dos mais velhos.

Quando brinca, a criança pode ou não usar objetos como apoio, os quais conhecemos como ***brinquedos***. Os brinquedos aos quais a criança tem acesso são também considerados produtos da sua época e sua cultura. Com a globalização e a rede mundial de computadores, que possibilitam uma conexão que ultrapassa fronteiras, alguns brinquedos foram inseridos em contextos culturais os quais não representam, mas nos quais são facilmente absorvidos, modificando aspectos culturais e sociais. É o caso da boneca Barbie, a mais vendida do mundo, com seu padrão de magreza, perfeição e opulência. A Barbie é um símbolo do estereótipo de mulher bonita – de cabelos e olhos claros –, bem-resolvida e rica que contrasta fortemente com identidades étnicas, classes sociais, hábitos e comportamentos de diversos grupos na sociedade. Por muitos anos, a boneca foi e ainda é o ideal de mulher para muitas meninas, originando problemas de autoaceitação e autoestima baixa em razão da valorização de um padrão de beleza impossível de se alcançar.

Refletindo um pouco mais sobre esse exemplo, podemos concluir que, assim como são influenciados por ela, os brinquedos também podem provocar mudanças na cultura, por meio da aquisição de novos hábitos e comportamentos. As questões de gênero presentes na esfera cultural mostram que a sociedade sempre fez distinção dos papéis sociais desempenhados por homens e mulheres. Enquanto em algumas culturas existe um intenso debate para dirimir diferenças sociais de gênero, em outras, as tradições fazem questão de perpetuar essa condição. Os brinquedos, culturalmente transmitidos de geração para geração, influenciam na construção da identidade da criança. Citando Brougère, Cunha, Araújo e Gomes (2011, p. 24, grifo do original) destacam que, segundo a tradição cultural, meninos brincam de "**bola e carrinho**", e meninas de "**boneca e casinha**"; meninos valorizam o "**fazer**" e o "**poder**" enquanto as meninas se preocupam mais com o "**ser**" e o "**ter**" (BROUGÈRE, 2004). Essa lógica binária classifica sexualmente os brinquedos e as brincadeiras, contribuindo para a reprodução de estereótipos e preconceitos difíceis de serem desconstruídos.

Com frequência, esse modelo é reproduzido e até encorajado pela escola, cujo papel como instituição de ensino deveria ser promover a reflexão e a discussão entre docentes e discentes e gerar dinâmicas que auxiliem as crianças a perceberem suas preferências despidas de preconceitos. O pensamento crítico e argumentativo da criança precisa ser estimulado desde cedo, pois é na educação infantil que os traços da sua personalidade começam a se desenvolver.

A brincadeira de casinha, muito comum entre as meninas, exemplifica claramente esse contexto social. É como se as meninas já nascessem predestinadas às tarefas domésticas e os brinquedos de cozinha despertassem o gosto por essas tarefas, quando a realidade é que a criança age por imitação na maior parte das vezes, não só querendo fazer o que outras mulheres fazem, como também estar no comando da situação – liderança que pode ser praticada enquanto a menina brinca de cuidar da casa. Quando um menino brinca de casinha e boneca, desperta em alguns adultos a desconfiança com relação a sua sexualidade; por isso, em alguns casos, essa brincadeira acaba sendo erroneamente desencorajada. Alguns adultos não compreendem o quanto a boneca e a casinha podem colaborar para o desenvolvimento da empatia, da valorização do outro e também do senso de responsabilidade que, preferencialmente, deve ser partilhado por todos os integrantes da família.

Escolas que contam com espaços com casinha, bonecas e panelinhas, nos quais permitem que tanto meninos quanto meninas brinquem livremente, incentivam a igualdade e as ações democráticas, contribuindo para o desenvolvimento da solidariedade, da empatia e do respeito mútuo entre os gêneros.

Para as meninas, alguns aspectos do mundo masculino aparentam ser mais acessíveis, pois transitar no universo dos super-heróis e carrinhos é possível, uma vez que existem as super-heroínas e mulheres que dirigem. No que diz respeito a jogos como o futebol, no entanto, elas ainda precisam enfrentar resquícios de milênios de ausência dessas atividades lúdicas entre as mulheres. Em contrapartida, quando observamos as regras que as próprias crianças criam nos jogos, como "meninos contra meninas", é possível verificar que muitas vezes eles se enxergam como iguais em capacidades, apresentando as mesmas forças para competir e as mesmas chances de ganhar.

A grande questão atual é que os jogos estão perdendo seu caráter de ludicidade em prol de uma supervalorização da cultura da **competição**. No livro *Homo Ludens: o jogo como elemento da cultura*, Huizinga (1999) diferencia o conceito grego de *paidia*, o brincar livre, de que tratamos anteriormente, do conceito de *ágon*, de caráter mais sério e competitivo, no qual o lema era vencer ou morrer. Nos dias atuais, muitos jogos se tornaram uma fonte de renda promissora, e ganhar ou perder faz grande diferença quando se tem patrocinadores financiando as competições. É o *ágon* se sobrepondo à *paidia*.

Entre as crianças, a frustração se manifesta quando não aceitam a **derrota**. O erro no jogo é visto culturalmente como fracasso. Os adultos, com a intenção de poupar as crianças desse sofrimento, mascaram resultados dos jogos, quando, na verdade, aprender a lidar com a frustração faz parte do desenvolvimento psicológico. Precisamos repensar o excesso de regras e competições impostas nos jogos e nas brincadeiras, esvaziando-os de sua essência, e resgatar a *paidia*: muito mais livre e menos consumista, uma vez que não conta com o excesso de brinquedos.

1.4
História das brincadeiras no Brasil

Agora que analisamos a influência do contexto cultural e social nas brincadeiras de modo geral, vale delimitarmos o estudo ao contexto histórico de nosso país. O Brasil, por sua imensidão territorial, exibe as mais diferentes culturas, que culminam em uma diversidade de identidades regionais. As influências sociais e culturais trazidas por colonizadores portugueses, imigrantes de outros países e escravos africanos se mesclaram aos costumes indígenas e propiciaram as variações linguísticas, de crenças e tradições que moldaram a forma como a infância é tratada no Brasil.

Muito antes da chegada dos portugueses, os indígenas já aproveitavam o melhor de nossa terra. As crianças indígenas, em contato direto com a natureza, viam o mundo como um verdadeiro parque vivo. O meio ambiente era o maior fornecedor de materiais para brinquedos que elas mesmas construíam, como galhos, folhas e sementes. Era também por meio da dança e das artes que alcançavam sua plenitude. Não tinham livros, mas tinham a força das histórias transmitidas de geração a geração por meio da oralidade, valorizando, acima de tudo, a boa **memória**. É muito provável que grande parte das tribos indígenas no Brasil ainda mantenha essa tradição lúdica nos dias de hoje, apesar da crescente onda de novas tecnologias que se introduzem progressivamente nas mais diversas comunidades. Bemvenuti et al. (2012), no livro *O lúdico na prática pedagógica*, apresentaram uma pesquisa sobre as brincadeiras realizadas em uma comunidade indígena guarani no Rio Grande do Sul. Os autores apontam a facilidade de entrosamento das crianças menores com as maiores nas atividades lúdicas, nas quais estas tinham um cuidado muito especial com as pequenas. O brinquedo industrializado era um objeto praticamente inexistente naquele ambiente e, mesmo quando ganhavam algum de presente, as crianças preferiam explorar a natureza, porque isso fazia parte de sua essência. Sobre uma experiência com as crianças da tribo Xavantes, Carneiro (2012, p. 4) relata que

> é com os troncos de árvores que elas constroem o bodoque – arma manejada por elas – para abater caças, aves e lagartixas. É, ainda, com madeira e barro que os indígenas confeccionam piões que fazem girar eximiamente, num movimento ágil das mãos. Das cabaças surgem os chocalhos utilizados para espantar os maus espíritos, transformando-se, também,

em instrumentos de festividades ou cerimônias religiosas. Com fios entrelaçados entre os dedos das mãos, constroem inúmeras figuras dando asas à imaginação, que é o caso da cama de gato. Espetam penas no sabugo do milho, que atiram ao ar. Confeccionam petecas com base de palha de milho ou de couro. Divertem-se em atividades lúdicas coletivas imitando os animais. Garantem sua cultura.

Entre os portugueses que chegaram ao Brasil após o descobrimento, estavam os jesuítas, que vinham com o intuito de catequizar os indígenas e mudar sua forma pagã de brincar. As atividades lúdicas, propostas exclusivamente para os meninos, tinham o objetivo de favorecer a aprendizagem conforme os preceitos cristãos. No livro *Casa-grande & senzala*, Gilberto Freyre (2003) apresenta um panorama da história brasileira nos séculos XVI e XVII, no qual afirma que os jesuítas e, mais tarde, seus seminários e colégios de padres foram os grandes precursores da cultura europeia no Brasil colonial. A influência era tão grande que esses espaços eram frequentados por meninos das mais diversas origens: caboclos (filhos de brancos com indígenas), portugueses órfãos e curumins. Somente os negros eram proibidos de frequentar essas escolas.

A infância dos negros escravos no Brasil, como é de se imaginar, foi bastante sofrida. Freyre (2003) relata que as crianças descendentes de escravos eram comumente tratadas como brinquedos vivos pelas crianças brancas com quem conviviam nas grandes fazendas. Serviam de cavalo de montaria, de liteiras, de servos e de leva-pancadas. As meninas negras se tornavam servas nas brincadeiras de faz de conta de suas sinhazinhas.

> O jogo simbólico auxiliava as meninas, tanto brancas como negras, a compreenderem a trama de relações de dominação da época e funcionava como mecanismo auxiliar para a incorporação dessas relações. A menina escrava, desde pequena, em seu papel de servir a senhora branca, obedecer-lhe: e a menina branca, em seu posto de mando, de administradora de negras escravas. (Kishimoto, 1999, p. 46)

Há poucos registros das brincadeiras trazidas da África, pois ao escravo não era dado o direito de brincar. Seus rituais de dança se restringiam às senzalas. A capoeira, uma forma de luta violentamente reprimida, só foi reconhecida como uma atividade lúdica em meados do século XX. Possivelmente a maior contribuição tenha vindo das cantigas de ninar e das histórias africanas contadas pelas amas de leite e mães pretas responsáveis por cuidar dos filhos dos escravocratas.

E qual herança lúdica os portugueses deixaram para nós? Eles trouxeram – tanto no período colonial quanto no período imperial – as histórias infantis com príncipes, princesas, bruxas, castelos e fadas e as cantigas de roda.

> Na primeira infância predominam as brincadeiras de rodas. Estas têm origem em danças, romances e jogos europeus, principalmente portugueses, executados por adultos, entre os séculos XVI e XVIII. As brincadeiras de rodas mais populares entre as crianças são "Ciranda, cirandinha"; "Atirei o pau no gato", "A canoa virou", "Corre-cutia", "Terezinha de Jesus", "O cravo brigou com a rosa", "Caranguejo". Outros jogos tradicionais também fazem parte do cotidiano infantil: amarelinho, pular cordas, bolas de gude, balança caixão, iô-iô [sic], barra manteiga, esconde-esconde, o gato mia, [...] ordem, estátua, bandeirinha. (Bernardes, 2005, p. 53)

As cantigas de roda estão presentes ainda nos dias de hoje, com a internet como mola propulsora do resgate dessas canções. Com a ação dos diferentes tempos e espaços culturais as letras das cantigas foram adaptadas, mas o ritmo e a mensagem continuam os mesmos. No entanto, a sobrevivência das brincadeiras antigas, cantigas de roda e jogos tradicionais no século XX esteve em risco em razão da crescente modernização da indústria. As grandes cidades, que iniciavam rapidamente sua industrialização no final do século XIX e início do século XX, tinham uma quantidade considerável de crianças no chão de fábrica. Mães operárias que precisavam carregar os filhos para o trabalho eram, muitas vezes, aceitas com a condição de que seus filhos, dependendo da idade, pudessem ajudar a compor a mão de obra. Seus brinquedos eram os instrumentos de trabalho e muitas famílias não tinham alternativas senão submetê-los ao trabalho infantil, na maior parte das vezes em condições precárias.

Na outra ponta estava a nova burguesia capitalista, cujas demandas por educação de qualidade e espaços próprios para as crianças fez crescer aceleradamente os números de creches e escolas. Na Europa, o conceito de **infância** segundo o qual as crianças precisam de atenção, cuidados especiais e atividades lúdicas direcionadas já estava bem estabelecido e inspirou muitos modelos de educação e ludicidade aqui no Brasil. Na década de 1930, com a demanda de mão obra especializada, a sociedade sentiu que precisava acompanhar todo esse desenvolvimento. Surgiu então, em 1932, o Manifesto dos Pioneiros da Educação Nova (Azevedo, 2010), encabeçado por Anísio Teixeira, que defendia a institucionalização de escolas públicas, laicas, gratuitas e de qualidade com o intuito de garantir educação para todos. Esse movimento permitiu que as crianças de classe mais baixa tivessem acesso à educação e, consequentemente, a um espaço que procurava, ao menos em teoria, proporcionar a prática de diversas atividades lúdicas.

A crescente urbanização, notada a partir da década de 1950, transformou pequenas estradas em ruas utilizadas pelos mais modernos automóveis, mas a rua também se tornou símbolo de um espaço bastante fértil para brincadeiras. Durante muitas décadas, ela foi um espaço democrático de socialização, embora malvista por algumas pessoas por ser considerada um local para delinquentes. Para as meninas, mantendo-se o histórico impasse das questões de gênero, a rua era um local nada conveniente. Uma das razões para isso, conforme Bernardes (2006), estava na necessidade de proteger as filhas do contato com os meninos e evitar comentários maliciosos dos vizinhos. A partir da década de 1990, as novas tecnologias foram tirando pouco a pouco as crianças das ruas perigosas para o confinamento de suas casas. A preocupação com a violência, os sequestros e as fugas abriram espaço para novos paradigmas do conceito de brincar, e a televisão tornou-se o mais novo objeto lúdico de desejo das crianças.

1.5
Ludicidade e novas tecnologias

Lembre-se de sua infância; você gostava de assistir à TV? As televisões começaram a se tornar mais populares já nas décadas de 1970 e 1980, atraindo as crianças para dentro de casa e reduzindo a frequência das brincadeiras de rua.

A "caixa mágica", com imagens coloridas, rapidamente se transformou em uma espécie de babá eletrônica, proporcionando uma nova forma de socialização às crianças e certa tranquilidade aos adultos. A linguagem atrativa da televisão foi, e ainda é, um dos principais meios de comunicação para a transmissão de cultura e informação. Para Rodrigues (2009, p. 25), a televisão ainda mantém sua influência, "mas é preciso salientar que suas imagens e representações não são simplesmente imitadas pelas crianças, mas recriadas a partir de suas práticas lúdicas". Ela transforma a maneira como a criança brinca, insere elementos simbólicos e reconstrói sua visão de mundo.

A televisão é um dos mecanismos precursores das novas tecnologias do século XXI, as quais difundiram o avanço eletrônico em diversos setores, atraindo principalmente as novas gerações por meio de brinquedos e computadores modernos. Algumas brincadeiras consideradas tradicionais, por serem transmitidas de geração para geração, competem com esse universo cada vez mais digital e atrativo. Estas precisam ser resgatadas pelos adultos para que figurem entre as opções de brincadeira que as crianças podem escolher. Sabemos que a indústria de brinquedos modernos tem a publicidade e o *marketing* a seu favor, principalmente na sociedade atual, em que a criança se torna protagonista na escolha de seus brinquedos e brincadeiras. Mesmo as camadas mais pobres da sociedade se sensibilizam e são atraídas pelas novas tecnologias.

A população mundial vai crescendo na mesma proporção que os espaços privados vão reduzindo. O crescimento vertical das cidades criou um novo modelo de moradia, representado por apartamentos pequenos que ampliam a segurança, mas privam as crianças das experiências no jardim, por exemplo. Nesses casos, as brincadeiras ao ar livre diminuem consideravelmente à medida que o uso da internet, de brinquedos digitais e apetrechos eletrônicos se torna uma das poucas alternativas para as experiências lúdicas.

> Uma investigação realizada por Dodge e Carneiro (2007) com pais de crianças entre 6 e 12 anos, dos diversos segmentos sociais, em 77 municípios brasileiros das diversas regiões do país, observou-se [sic] que além de se modificarem, as atividades lúdicas realizadas antigamente estão desaparecendo. As brincadeiras mais comuns, ou seja, realizadas por seus filhos pelo menos três vezes na semana eram **assistir TV, vídeos e DVDs**, brincar com animal de estimação, cantar e ouvir música, desenhar, andar de bicicleta, patins, patinetes, carrinhos de rolimã, jogar bola, brincar de pega-pega, **polícia-e-ladrão**, esconde-esconde, brincar de boneca, brincar com coleções e **ficar no computador**. (Carneiro, 2012, p. 5, grifo do original)

Carneiro (2012) ainda enfatiza o visível crescimento do uso de equipamentos eletrônicos na infância. Assim, as experiências lúdicas de cada criança vão se transformando no decorrer do tempo e variam conforme ela interage com esses instrumentos. Celulares e *tablets* são, muitas vezes, utilizados como equipamentos para distrair as crianças, fazê-las comer ou dormir e diminuir a ansiedade de esperar por algo. Jogos digitais substituem a falta de possibilidades de realizar jogos físicos, simulando-os como se fossem reais, além de oportunizar o contato entre crianças de várias partes do planeta, estimulando a aprendizagem de outros idiomas.

Crianças que não tinham animais de estimação para brincar, por conta de espaços pequenos ou qualquer outro motivo, encontraram no Tamagotchi, lançado em 1996 no Japão, uma alternativa para simular, com o bichinho virtual, os cuidados com um bichinho de verdade. Hoje, existem vários aplicativos que simulam esses cuidados e estão disponíveis para *tablets* e *smartphones*.

São inúmeras as possibilidades de jogos digitais que têm o objetivo de estimular a aprendizagem ou apenas entreter; de trazer novas oportunidades de brincar em uma nova era ou de reproduzir os vícios dos adultos. As novas tecnologias, de uma forma ou de outra, estão presentes nas rotinas das crianças atualmente; e impedir isso mostra-se um contrassenso. Elas apresentam um potencial lúdico muito interessante e, se bem utilizadas, podem colaborar significativamente no desenvolvimento infantil. Como saber se os instrumentos tecnológicos mais utilizados pelas crianças atualmente (celulares, *tablets*, computadores, jogos portáteis, *video games* e brinquedos eletrônicos) estão gerando mais benefícios do que malefícios? Para isso, é importante analisar os seguintes pontos:

- A criança se distrai facilmente ou consegue se concentrar no jogo ou na brincadeira?
- O instrumento é desafiador e permite que ela construa mecanismos de avanço nos jogos ou brincadeiras?
- A criança tem dificuldade em dividir ou socializar enquanto brinca?
- A criança tem interesse em brincadeiras e brinquedos não eletrônicos?

- A criança se estressa com facilidade enquanto brinca?
- Há intervalos para que a criança diversifique suas atividades lúdicas?
- A criança encontra tempo e espaço próprios para a realização de atividades que desenvolvam a imaginação e explorem o faz de conta?

É preciso refletir também sobre as condutas que as escolas assumem em relação ao uso das novas tecnologias. Não podemos (e nem devemos) ignorar o uso de dispositivos digitais na escola, tampouco devemos permitir que se banalizem e sejam utilizados aleatoriamente. Todos os recursos utilizados nas escolas – eletrônicos, digitais ou não digitais – precisam ter seu uso devidamente planejado estando atrelado a objetivos claros. Um bom exemplo são os celulares, comumente utilizados para a produção de vídeos. Moran (2000) cita a produção de vídeos como elemento pertencente ao universo lúdico atualmente. Por ser nova e moderna, essa produção permite a mobilidade e a integração de linguagens. "Filmar é uma das experiências mais envolventes tanto para as crianças como para os adultos" (Moran, 2000, p. 41). Assim, é possível conceber as novas tecnologias em um novo paradigma lúdico, mas é importante analisar os seguintes aspectos:

- O ambiente escolar onde a criança está inserida possibilita o acesso a recursos tecnológicos de qualidade e promove o uso crítico e consciente dessas novas tecnologias?
- A escola diversifica as atividades lúdicas mesclando o uso das novas tecnologias com brincadeiras ao ar livre, livros infantis, dança, musicalização, pintura, faz de conta, expressões corporais, atividades físicas e contação de histórias?

- A escola se reconhece como um ambiente que promove a socialização e as relações presenciais de respeito e amizade, uma vez que ficam evidentes os desdobramentos de relações predominantemente virtuais?

Esperamos que essas questões possibilitem a reflexão crítica não somente como um ponto de vista negativo em relação ao uso das novas tecnologias nas atividades lúdicas, mas como um ponto de equilíbrio entre as experiências virtuais e as experiências reais.

Síntese

Neste capítulo, expusemos os conceitos de infância, ludicidade e cultura e explicamos como esses três aspectos influenciaram uns aos outros na relação com os jogos, as brincadeiras e os brinquedos, passando por transformações em diversos contextos sociais e históricos desde os primeiros passos da humanidade. É importante considerar que o conceito de ludicidade compreende, além dos jogos e das brincadeiras, a dança, a música e as artes como elementos culturais que representam valores, costumes, instrumentos, linguagens e práticas sociais. No Brasil, a ludicidade foi influenciada pela miscelânea das culturas indígenas, europeias e africanas. Atualmente, vivemos em uma sociedade que valoriza a cultura digital, transformando comportamentos, relações sociais e também a maneira como a ludicidade se expressa. Não está claro, ainda, qual a extensão dos prejuízos que isso pode causar à infância, mas é importante ressaltar que esse caminho está traçado, e pouco podemos fazer para revertê-lo. É salutar mesclar as atividades tecnológicas com atividades físicas individuais ou coletivas, incentivar relacionamentos pessoais e criar espaços de manifestações afetivas para o desenvolvimento integral da criança.

Indicações culturais

Documentário

CRIANÇA, a alma do negócio. Direção: Estela Renner. Brasil, 2009. Disponível em: <https://www.youtube.com/watch?v=ur9lIf4RaZ4&t=3s>. Acesso em: 21 abr. 2018.
Obra audiovisual que trata da influência da publicidade televisiva no consumismo exagerado das crianças. Trata-se de um documentário para pais e professores que aborda discussões sobre o consumo consciente e a hipervalorização de ter um celular de última geração ou vários brinquedos, por exemplo. Assistir a esse filme pode contribuir para analisar como as brincadeiras passaram a ter uma ligação muito mais forte com o consumo excessivo.

Filme

TAINÁ 3: a origem. Direção: Rosane Svartman. Brasil: Sony Pictures, 2013. 80 min.
Filme brasileiro que conta a origem da história de Tainá, uma menina indígena que vive na Amazônia e decide enfrentar um desafio proposto aos meninos da aldeia: encontrar a flecha azul enviada por Tupã. Mesmo sendo menina, ela decide, com a ajuda do avô, participar da competição. O filme traz algumas informações sobre a cultura indígena, seus hábitos, valores e brincadeiras, tão desconhecidos para muitos brasileiros.

Atividades de autoavaliação

1. Leia atentamente a seguinte afirmação: "O que mais caracteriza a ludicidade é a experiência de plenitude que ela possibilita a quem a vivencia em seus atos. A experiência pessoal de cada um de nós pode ser um bom exemplo de como ela pode ser plena quando a vivenciamos com ludicidade" (Luckesi, 1998, p. 14).

   De acordo com essa afirmação, a ideia de ludicidade está relacionada:

   a) à diversão, pois toda atividade lúdica precisa ser, necessariamente, divertida.
   b) a jogos e brincadeiras especialmente, pois são os elementos que caracterizam o universo lúdico.
   c) à sensação de plenitude que se tem com múltiplas experiências.
   d) à homogeneidade cultural concebida no contexto sócio-histórico.

2. Analise as sentenças a seguir e assinale V para as afirmativas verdadeiras e F para as falsas:
   ( ) O gregos relacionavam os jogos e brincadeiras infantis à *paidia*, caracterizada por disciplina, subordinação aos valores morais e culturais e cumprimento de regras.
   ( ) Os jogos e brincadeiras foram marginalizados durante a Idade Média, pois as crianças estavam destinadas desde muito cedo a executar as mesmas funções sociais dos adultos, que variavam conforme seu *status* social.

( ) No Renascimento, a Europa experimentou uma nova concepção de *infância* e *ludicidade* na qual jogos e brincadeiras passaram a ser concebidos como práticas que estimulavam a aprendizagem.

( ) Os brinquedos tiveram diferentes conotações no decorrer da história da humanidade, sendo utilizados também para fins religiosos e para entretenimento de adultos, e não, necessariamente, instrumentos destinados ao desenvolvimento infantil.

Assinale a alternativa que apresenta a sequência correta:

a) F, V, V, V.
b) V, V, V, V.
c) F, V, V, F.
d) F, V, F, V.

3. Analise a seguinte afirmação: "A criança já nasce imersa em uma cultura que delineia como ela se relacionará com os adultos e outras crianças, com quais objetos interagirá com mais frequência e que experiências vai ser capaz de extrair partir dessas relações". Analisando as influências culturais em brincadeiras, jogos e brinquedos, é correto afirmar:

a) Os brinquedos apresentam características universais e a maneira como se brinca independe do contexto histórico ou cultural.
b) Pelas brincadeiras de uma criança, é possível observar como é sua visão de mundo e como ela expressa seus pensamentos e preconceitos por meio de imitações do comportamento adulto.

c) Meninos não devem brincar de bonecas e de casinha porque culturalmente esses brinquedos não foram planejados para o gênero masculino.
d) O consumismo exagerado de brinquedos e a competição descomedida nos jogos têm se tornado aspectos bastante favoráveis às brincadeiras saudáveis.

4. No Brasil, a ludicidade se contextualizou na miscelânea cultural de indígenas, africanos e europeus. Assim, podemos destacar:

   I) Os jesuítas tinham a função de converter as crianças negras conforme os preceitos da religião católica, tornando-se modelos de comportamentos e influenciando suas brincadeiras.

   II) Para os indígenas, a natureza fornece matérias-primas utilizadas na construção de brinquedos que traduzem sua cultura.

   III) Crianças brancas e negras brincavam juntas nas grandes fazendas, porém lhes eram atribuídos diferentes papéis no faz de conta conforme sua condição social.

   IV) As brincadeiras na rua eram praticadas constantemente, mas muitos adultos se preocupavam porque não consideravam a rua um espaço saudável.

   Estão corretas apenas as afirmações:

   a) I e II.
   b) I, II e III.
   c) II e IV.
   d) II, III e IV.

5. O uso das novas tecnologias nas atividades lúdicas tem sido pautado por constantes discussões entre os educadores. Com relação às análises e reflexões sobre o uso consciente das novas tecnologias, selecione a alternativa correta:
   a) Devemos incentivar as crianças a realizar atividades lúdicas individualmente, para que possam desenvolver habilidades sociais, de comunicação e respeito mútuo.
   b) Devemos orientar as crianças para a exploração diversificada de atividades lúdicas, como brincadeiras, jogos, musicalização, leitura, artes, dança e uso adequado e mediado das novas tecnologias.
   c) Devemos deixar as crianças explorarem as novas tecnologias livremente, principalmente o uso de dispositivos que possibilitam a conexão à internet, fonte rica e segura de informações.
   d) Devemos proibir as crianças de utilizar as novas tecnologias, pois elas não apresentam a autonomia e a responsabilidade necessárias para moderar seu uso e evitar exageros.

Atividades de aprendizagem

Questões para reflexão

1. Escreva um pequeno texto, com suas palavras, sobre como você estabelece as relações entre brinquedos, brincadeiras e cultura, citando exemplos de como aspectos históricos e sociais influenciam na preservação ou na extinção de determinadas atividades lúdicas.

2. Analise a seguinte asserção: "levar os jogos digitais para a escola porque seduzem os nossos alunos, sem uma interação prévia, sem a construção de sentidos, buscando enquadrar esse ou aquele jogo no conteúdo escolar a ser trabalhado, resultará em um grande fracasso e frustração por parte dos docentes e dos discentes" (Alves, 2008, p. 8).

Ao refletir sobre essa passagem, que subsídios você considera importantes na formação docente para o planejamento de práticas eficazes no uso das novas tecnologias na escola? Que estratégias didáticas os jogos digitais podem trazer para a aprendizagem e como utilizá-los de modo crítico e consciente?

Atividades aplicadas: prática

1. Faça uma investigação com um grupo de pessoas abrangendo pelo menos três gerações: netos, pais e avós. Pergunte sobre os brinquedos que os entrevistados usavam e as brincadeiras de que participavam, considerando-se as diferentes gerações. Descreva as características de cada brinquedo e relate as regras e principais funções das brincadeiras indicadas. Ao final, elabore uma síntese respondendo aos seguintes questionamentos:
    a) Quais brincadeiras das gerações anteriores ainda fazem parte da infância da geração de hoje? O que mudou e o que permanece igual?
    b) Por que algumas brincadeiras foram esquecidas? Em quais espaços físicos elas podem ser mais bem aproveitadas?

c) Quais elementos, em sua opinião, devem ser resgatados das brincadeiras antigas e adaptados às particularidades da geração atual de modo a enriquecer seu modo de brincar?

2. Faça uma pesquisa e selecione pelo menos dez brincadeiras ou brinquedos característicos de determinadas culturas ou países. Descreva como são essas brincadeiras e desenvolva uma gincana das nações a ser realizada em espaço escolar, abordando também elementos culturais e típicos de cada país.

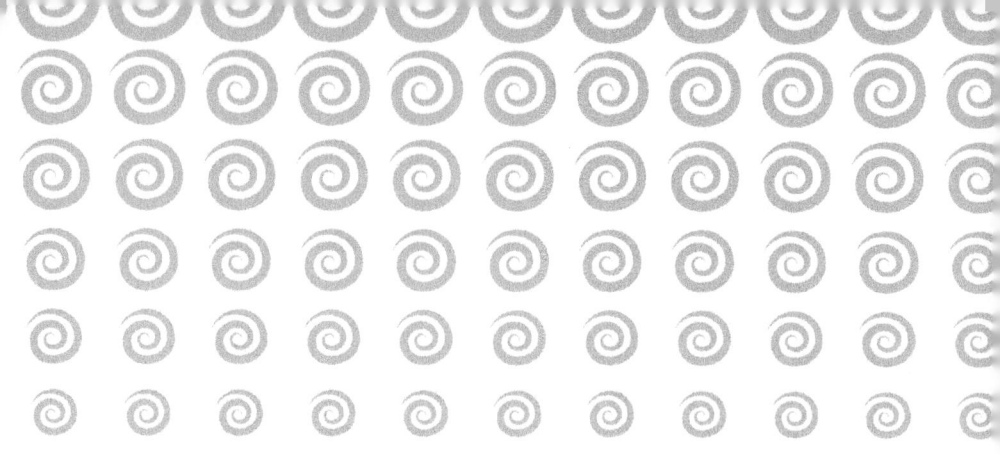

2
Teorias que valorizam jogos e brincadeiras

> A infância é o tempo de maior criatividade
> na vida de um ser humano.
>
> *Jean Piaget*

Neste capítulo, discorreremos sobre jogos e brincadeiras tomando como base as teorias de educadores e psicólogos renomados, como Jean Piaget (1896-1980), Lev Vygotsky (1896-1934), Henri Wallon (1879-1962) e Maria Montessori (1870-1952). De Jean Piaget, abordaremos valiosos ensinamentos sobre a construção da inteligência por meio de sua epistemologia genética, demonstrando como os jogos podem contribuir para o desenvolvimento infantil. Com Lev Vygotsky, mergulharemos no fascinante mundo da imaginação infantil, destacando a importância do faz de conta para a criança. Na sequência, com Henri Wallon, demonstraremos que os jogos são atividades de prazer e liberdade que contribuem para a formação de um ser humano completo em todos os domínios. Com Maria Montessori, daremos ênfase à organização do espaço lúdico e aos jogos sensoriais como fatores relevantes para o desenvolvimento cognitivo. Finalizaremos com uma breve abordagem de três autores e suas concepções distintas para reflexão sobre ludicidade: Donald Winnicott (1896-1971), Rudolf Steiner (1861-1925) e Rubem Alves (1933-2014).

2.1
Jean Piaget e os enigmas da inteligência infantil

Você se lembra das concepções de desenvolvimento humano comentadas no capítulo anterior? Uma delas, a **concepção interacionista**, inspirou muitos educadores, filósofos e psicólogos a desenvolver suas teorias de aprendizagem tomando como base a relação mútua entre o ser humano e o ambiente. Foi a partir dos propósitos interacionistas que um dos maiores psicólogos desse século postulou sua epistemologia genética. Seu nome era Jean William Fritz Piaget.

Quem foi Jean Piaget

O suíço Jean Piaget foi psicólogo e biólogo. Tinha muito interesse nas ciências naturais, mas também em filosofia e sociologia. Desejava desvendar os enigmas da inteligência e, para isso, elegeu como objeto de pesquisa a **epistemologia genética**, que consistia em descobrir como a criança constrói seu conhecimento dos estados mais iniciais até o estágio lógico-abstrato.

Piaget considerava que a aprendizagem aconteceria durante o processo de adaptação do indivíduo ao ambiente. Essa adaptação ocorreria em dois momentos: a **assimilação**, quando novos conhecimentos seriam associados a conhecimentos e experiências prévios do indivíduo; e a **acomodação**, quando seria necessário ressignificar as estruturas e demandas do ambiente, buscando um estado de **equilibração majorante** (Nogueira; Leal, 2015). Esse processo de construção da inteligência seria cíclico, uma vez que a inteligência humana sempre é capaz de aprender coisas novas, causando novos desequilíbrios.

Figura 2.1 – Processo da construção da inteligência segundo a teoria da epistemologia genética

Para entender melhor o exposto na Figura 2.1, pense em uma criança que monta um quebra-cabeça: as peças, que ela ainda não conhece, correspondem a uma interação nova com o meio, o que causa um desequilíbrio, pois a montagem representa um desafio. A criança precisa adaptar-se ao jogo, organizando as peças e realizando tentativas de combiná-las de modo que componham a figura desejada. Essa adaptação consiste em sucessivas assimilações e acomodações até que o quebra-cabeça fique pronto. Quando isso acontece, a criança chega a um estado de equilíbrio, pois cumpriu a tarefa com sucesso, construindo, portanto, a inteligência para montar o quebra-cabeça em questão. Ao ser apresentado um novo quebra-cabeça com mais peças, suas estruturas cognitivas entram em desequilíbrio mais uma vez, demandando uma nova adaptação. Assim, o processo cíclico reinicia-se novamente até o fim da vida. Se houvesse um adulto ao lado dessa criança entregando as peças, orientando a montagem e apontando erros, provavelmente ela não aprenderia de forma tão significativa.

Estava claro, para Piaget, que o verdadeiro conhecimento não pode ser simplesmente transmitido de uma pessoa à outra, e sim desenvolvido pelas estruturas internas do organismo, por meio da exploração e da manipulação dos objetos. Nessa construção, a criança desenvolve uma lógica diferente da do adulto. Logo, a relação entre adulto e criança precisa ser dialógica, cabendo àquele investigar como esta cria esquemas durante a aprendizagem. Com o tempo, a lógica infantil evolui gradativamente para a do adulto, passando por vários estágios à medida que ocorre uma maior organização cognitiva. Balestra (2012) afirma que, para Piaget, a evolução da lógica infantil está relacionada ao estágio de desenvolvimento intelectual em que a criança se encontra. Portanto, existe um estágio em que a criança aprende, a seu tempo, a montar um quebra-cabeça sozinha, por exemplo.

Qual é a relação da lógica infantil e da construção da inteligência com a ludicidade? As atividades que a criança realiza estão diretamente ligadas aos jogos e às brincadeiras, que fomentam a construção da inteligência, da afetividade e da psicomotricidade. Os jogos, especialmente, estimulam a socialização e a interação entre as crianças, desenvolvem noções de regras e servem como catalisadores no processo de adaptação e de equilibração, uma vez que desafiam as crianças a melhorar seus desempenhos. Como já mencionamos, a construção da inteligência evolui progressivamente e o modo como a criança brinca ou joga se modifica à proporção que ela cresce.

Duprat (2014) reforça que o brinquedo disponibilizado a crianças que se encontram em estágios diferentes tem o potencial de promover experiências também diferentes de manipulação daquele objeto. Por exemplo: distribuindo jogos de blocos de construção para três crianças, uma com 2 anos, outra com 6 anos e a terceira com 11 anos, veremos que cada uma delas terá objetivos e experiências diferentes com o brinquedo. A criança de 2 anos terá muita dificuldade em executar o que a criança de 11 elabora sem dificuldades. Por essa razão, Piaget defende a análise das particularidades de cada estágio, para que as atividades propostas sejam condizentes com o nível de desenvolvimento intelectual de cada criança. Como identificar cada um desses estágios?

Piaget (1999) estabelece quatro estágios de desenvolvimento da criança, definidos pela evolução mental e pelo processo de equilibração. Analisemos cada um deles sob a perspectiva dos aspectos lúdicos.

1º estágio: sensório-motor (0 a 2 anos)

- O primeiro estágio da vida de uma criança se caracteriza pelo uso das **percepções sensoriais** e dos **esquemas motores** para explorar o mundo. Qualquer objeto se torna lúdico porque promove a manipulação, que gera descobertas sensoriais por meio da assimilação. Nessa fase, quando a criança aprende a tocar e a segurar um objeto, ela percebe o jogo de cores, texturas, sabores, aromas e sons; começa a manipular objetos por meio do movimento, tentando produzir barulho, visualizar detalhes, cheirando, mordendo, jogando para longe ou agarrando. Assim, a criança vai construindo a noção de **causalidade** (Piaget, 1999). Ao perceber os efeitos causados pelo movimento e sentir prazer com isso, procura repetir o movimento, transformando aquela ação em um jogo. Piaget (1999) chama o jogo praticado nessa fase de *jogo de exercício*, que, além de entreter, contribui para a construção da inteligência. Podemos afirmar que nessa fase o jogo e a assimilação se confundem, pois as regras e os símbolos mentais praticamente inexistem.

2º estágio: pré-operatório (2 a 6 anos)

- A partir desse estágio, a criança começa a usar símbolos mentais, por meio de desenhos ou palavras, para representar objetos que não estão presentes (Piaget, 1987). Apesar de Piaget afirmar que os esquemas simbólicos aparecem ainda no estágio sensório-motor, quando, por exemplo, a criança pega uma colher e finge que come (a comida está ausente nesse caso), "o próprio símbolo só começa com a representação separada da ação própria: por exemplo, adormecer uma boneca ou um ursinho" (Piaget, 2013, p. 181). Por essa razão, Piaget afirma que esse é o estágio dos **jogos simbólicos.**

- O que vem a ser o jogo simbólico? Piaget (1999) o caracteriza também como jogo de imitação e imaginação, que ajuda a criança a associar **fantasia e realidade**. O pensamento da criança ainda é pré-lógico, pois ela toma como base sua própria experiência para explicar os fatos da realidade, ou seja, seu pensamento é egocêntrico. O jogo simbólico, segundo Piaget (1999, p. 28), teria o potencial de "satisfazer o eu por meio de uma transformação do real em função dos desejos: a criança que brinca de boneca refaz sua própria vida, corrigindo-a a sua maneira, e revive todos os prazeres ou conflitos, resolvendo-os, compensando-os, ou seja, completando a realidade através da ficção". A criança, então, enxerga a realidade de acordo com o próprio ponto de vista, redesenhando-a conforme sua vontade com base no que Piaget chama de ***assimilação deformada do eu***. Por exemplo, quando uma criança desenha uma lua e uma estrela e um adulto pergunta a ela "Onde está o sol?", sua resposta pode ser "O sol foi dormir", pois isso explicaria, do ponto de vista dela, fatores que determinam a ausência, como a ação de dormir. É também a fase do animismo, da imaginação e da imitação.

- Assim, a exploração dos aspectos lúdicos nessa fase é bastante significativa. É fundamental incentivar brincadeiras de faz de conta, dramatizações, desenhos e pinturas, pois, nessa fase, a criança, para além do desenvolvimento cognitivo e da linguagem, começa a lidar com questões emocionais de forma mais consciente, principalmente no momento da socialização.

3º estágio: operatório-concreto (7 a 11 anos)

- Nesse estágio, o pensamento da criança já se baseia mais na **lógica** do que na percepção. Os jogos simbólicos começam a ser substituídos pela imitação mais próxima da realidade e pontos de vista externos à criança começam a ser compreendidos, diminuindo o egocentrismo.
- Com o desenvolvimento da **autonomia** e a **socialização**, a criança começa a perceber que, para conviver em harmonia, é necessário seguir certas **regras** sociais. Assim, ao participar de atividades coletivas, a criança compreende as regras como um acordo mútuo, um contrato entre os participantes, fato que caracteriza essa fase como o estágio dos **jogos de regras**. Como afirma Piaget (1999, p. 54):

> Vê-se, aqui, a atuação do respeito mútuo: a regra é respeitada, não mais enquanto produto de uma vontade exterior, mas como resultado de acordo explícito ou tácito. É então este o motivo pelo qual ela é realmente respeitada na prática do jogo, e não somente afirmada por fórmulas verbais. A regra obriga na medida em que o próprio eu está comprometido, de modo autônomo, com o acordo feito.

> É por isto que este respeito mútuo leva a uma série de sentimentos morais desconhecidos até então: a honestidade entre os jogadores, que exclui a trapaça – não porque está seja "proibida", mas pelo fato de que viola o acordo entre os indivíduos que se estimam, o companheirismo, o *fair play* etc.

- A criança também necessita, nesse estágio, de **elementos concretos** que dão suporte ao pensamento. Como ela ainda não tem capacidade plena de abstração do pensamento, os jogos servem como um alicerce no processo de equilibração e auxiliam o desenvolvimento de conceitos de **associação, seriação** e **classificação**.

4º estágio: operatório formal (12 a 16 anos)

- O estágio da **inteligência lógico-abstrata** possibilita que a criança desenvolva a capacidade de abstração de conceitos sem o apoio de elementos concretos. Nessa fase, ela já é capaz de construir hipóteses, refletir, planejar e raciocinar de maneira lógica; por isso, esse é considerado o estágio da **codificação de regras**, conforme esclarecem Cória-Sabini e Lucena (2015, p. 33):

> Finalmente, por volta dos 11-12 anos, aparece o quarto estágio, que é o da codificação das regras. As regras do jogo, socialmente conhecidas e regulamentadas, são estritamente obedecidas e, nesse caso, há uma notável concordância entre todos os que participam do jogo. Daí em diante, as regras não se referem a uma única partida, mas seus procedimentos são permanentes e conhecidos pelo grupo social.

Piaget se notabilizou e contribuiu sobremaneira com diversas pesquisas e experiências envolvendo jogos e brincadeiras. Retomaremos esse assunto no Capítulo 5, que trata especialmente dos tipos de jogos.

2.2
Lev Vygotsky e o mundo da imaginação

Abordaremos agora as ideias de Lev Semyonovich Vygotsky, cujas convicções se diferenciam das ideias de Piaget, principalmente por pressupor que a construção da inteligência só seria possível na vivência em sociedade ou comunidade e não se daria unicamente pelas estruturas internas do organismo. Por essa razão, muitos autores consideram Vygotsky arauto da **teoria sociointeracionista**.

Quem foi Lev Vygotsky

Lev Vygotsky, apesar de formado em direito, transitou por diversas áreas, como artes, literatura, filosofia, ciências, pedagogia, antropologia, linguística, medicina e psicologia, sendo esta última a área em que se destacou como uma das grandes personalidades do século XX. Morreu aos 38 anos deixando um legado valioso para a educação e para a psicologia, que ficou perdido por muitos anos durante o regime do ditador Josef Stalin.

> Para Vygotsky (2008), as habilidades cognitivas resultam das práticas influenciadas pela cultura. A história pessoal da criança e a forma como ela pensa e age estão intimamente relacionadas aos aspectos socioculturais presentes em sua vida. Portanto, para Vygotsky, a **cultura** medeia todas as relações humanas e determina suas ações.

Figura 2.2 – Elementos sociais mediados pela cultura

[Diagrama com cinco círculos: Objetos, Rotinas, Valores, Práticas sociais, Linguagem]

Entre os elementos da Figura 2.2, podemos destacar, segundo Vygotsky (2008), a **linguagem** como instrumento de intermediação do conhecimento entre os sujeitos. Antes de utilizá-la como um instrumento simbólico, a criança se situa na fase dos processos mentais elementares, que equivale ao estágio sensório-motor de Piaget. "Antes da aquisição da fala, a criança está presa ao imediatismo da percepção" (Cória-Sabini; Lucena, 2015, p. 20), ou seja, a criança se comunica por meio de gestos e expressões. Para Vygotsky (2008, p. 39), "o crescimento intelectual da criança depende do seu domínio dos meios sociais de pensamento, ou seja, da linguagem". É ela, segundo Vygotsky (1984), que marca a passagem da criança da fase dos processos mentais elementares para a fase dos processos mentais superiores, construídos no decorrer de sua vida, o que difere basicamente os humanos de outros animais. A linguagem seria, portanto, um marco fundamental de transição na construção da inteligência humana.

A linguagem não se restringe à fala e à escrita. Vygotsky (2008) atribui a ela as funções de **comunicação** como intercâmbio social e de **pensamento generalizante**, um instrumento com o qual podemos conceituar a realidade. Por exemplo, quando vê diversas imagens de cachorros de raças diferentes, a criança consegue atribuir o conceito *cachorro* a todas elas, por mais diferentes que as raças pareçam entre si. Isso porque, ao internalizar o conceito, dependendo da etapa de desenvolvimento em que a criança se encontra, ela é capaz de classificar, categorizar e generalizar por meio da linguagem. A palavra ou o som *cachorro* é um signo que tem um significado e um significante.

> O *significado* é a essência da palavra, "um ato de pensamento no sentido completo da expressão" (Vygotsky, 2008, p. 9). Um possível significado para a palavra *cachorro* poderia ser: animal de quatro patas, mamífero, que late. O *significante* é a percepção do significado ou o que ele representa para cada indivíduo. Um cachorro pode representar um bichinho de estimação ou uma ameaça, dependendo das experiências de cada indivíduo com o animal.

Quando a criança se depara com um brinquedo, ela está muito mais suscetível a pensar em seu significante do que em seu significado. Com a palavra *brinquedo*, não estamos nos referindo unicamente ao objeto que tem essa função, como um cavalinho de madeira, mas a qualquer objeto que possa assumir essa função, como um cabo de vassoura. A criança cria novas funções para objetos conforme suas experiências culturais. Vygotsky (2009, p. 16) considera que, "já na primeira infância, identificamos nas crianças processos de criação que se expressam melhor em suas brincadeiras. A criança monta um cabo de vassoura e imagina-se cavalgando um cavalo; a menina que brinca de boneca e imagina-se a mãe". Percebemos com esse exemplo o processo significante muito mais presente, pois o cabo de vassoura tem uma função e um significado completamente diferentes.

Como Vygotsky define o que é brinquedo? Naturalmente, associamos ludicidade com sentimentos prazerosos, mas, assim como Luckesi, Vygotsky (1984, p. 61-62) não considera essa associação apropriada:

> Definir o brinquedo como uma atividade que dá prazer à criança é incorreto por duas razões. Primeiro, muitas atividades dão à criança experiências de prazer muito mais intensas do que o brinquedo, como, por exemplo, chupar chupeta, mesmo que a criança não se sacie. E, segundo, existem jogos nos quais a própria atividade não é agradável, como, por exemplo, predominantemente no fim da idade pré-escolar, jogos que só dão prazer à criança se ela considera o resultado interessante.

Quando a criança é muito pequena, ela exige que seus desejos sejam satisfeitos imediatamente, mas ainda assim é possível distrair sua atenção. Quando mais crescida, segundo

Vygotsky (1984, p. 62), essa mesma distração se torna ineficaz: "Para resolver essa tensão, a criança em idade pré-escolar envolve-se num mundo ilusório e imaginário onde os desejos não realizáveis podem ser realizados, e esse mundo é o que chamamos de brinquedo".

A *imaginação* e o *faz de conta* foram temas extensamente pesquisados por Vygotsky e correspondem ao jogo simbólico conceituado por Piaget. Vygotsky (2009), afirma existirem leis que regem a atividade de imaginação. Elas estão assim elencadas:

1. "Quanto mais rica a experiência da pessoa, mais material está disponível para a imaginação dela. Eis por que a imaginação da criança é mais pobre que a do adulto, o que se explica pela maior pobreza de sua experiência" (Vygotsky, 2009, p. 22).
2. "O produto final da fantasia é um fenômeno complexo da realidade" (Vygotsky, 2009, p. 23). Vygotsky ilustra essa ideia explicando que os relatos de historiadores sobre a Revolução Francesa permitem a imaginação de um cenário mental de uma época que não vivenciamos. O mesmo vale para os contos de fadas: a contação de histórias permite a criação e a fantasia de imagens mentais sobre o que está sendo narrado.
3. "A terceira forma de relação entre a atividade de imaginação e a realidade é de caráter emocional" (Vygotsky, 2009, p. 25). Nesse caso, as emoções e sentimentos tendem a trazer impressões que se configuram conforme o momento. "Qualquer um sabe que vemos as coisas com olhares diferentes conforme estejamos na desgraça ou

na alegria" (Vygotsky, 2009, p. 26). Quando observamos crianças em um jogo ou uma brincadeira, podemos perceber que suas expressões corporais e verbais estão sempre carregadas de emoção; essas expressões refletem o que elas estão sentindo naquele momento.

4. A imaginação daquilo que não existe pode se tornar realidade. Um ótimo exemplo é o celular, um instrumento lúdico relacionado às novas tecnologias. Antes de existir, ele precisou ser imaginado por alguém que "cristalizou" a ideia e a transformou em um objeto existente. Para Vygotsky (2009, p. 29), "essa imaginação 'cristalizada', que se fez objeto, começa a existir realmente no mundo e a influir sobre outras coisas".

Podemos afirmar, então, que a imaginação não é uma atividade aleatória. Ela está intimamente associada às experiências socioculturais. A criança, nas brincadeiras de imaginação e faz de conta, não só reproduz essas experiências, mas também as reelabora ativamente, de acordo com suas impressões, construindo novos significados, em um processo que acontece por meio da imitação. De acordo com Vygotsky (2009, p. 16-17), "a criança que, na brincadeira, transforma-se num bandido, num soldado do Exército Vermelho, num marinheiro – todas essas crianças brincantes representam exemplos da mais autêntica e verdadeira criação".

A **liberdade** de criação e de imaginação na brincadeira está condicionada a um **sistema de regras**, segundo Vygotsky (1984). Em uma brincadeira de polícia e ladrão, por exemplo, as crianças estabelecem que o ladrão vai fugir e a polícia terá de capturá-lo. Essa é uma regra implícita para que a brincadeira funcione. A criança que, no faz de conta, é um marinheiro, imagina-se em um barco ou navio, porque imaginar que está em um avião infringe as regras da imitação. Essas regras não são criadas pela própria criança, elas são fruto da interação humana e são internalizadas de acordo com a perspectiva sociocultural. Os jogos coletivos e alguns brinquedos, por sua vez, apresentam regras mais explícitas que promovem o desenvolvimento cognitivo. Isso porque, para Vygotsky (1984, p. 69), quanto mais rígidas as regras, "maior a exigência de atenção da criança, maior a regulação da atividade da criança, mais tenso e agudo torna-se o brinquedo. Correr simplesmente, sem propósito ou regras, é entediante e não tem atrativo para a criança".

Como as regras pressupõem uma construção social, as atividades coletivas e/ou mediadas por adultos, como as que acontecem na escola, são fundamentais como recurso pedagógico. As atividades lúdicas atuam diretamente na zona de desenvolvimento proximal[1] e, quando bem planejadas e adequadas ao nível desenvolvimento da criança, são fatores primordiais no processo de aprendizagem.

---

1 Vygotsky denomina *zona de desenvolvimento proximal* "a distância entre o nível real (da criança) de desenvolvimento determinado pela resolução de problemas independentemente e o nível de desenvolvimento potencial determinado pela resolução de problemas sob orientação de adultos ou em colaboração com companheiros mais capacitados" (Vygotsky, 1984, p. 86).

2.3
Henri Wallon e a liberdade para brincar

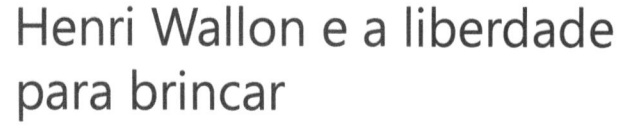

Assim como Piaget e Vygotsky, Henri Wallon se apoiou na concepção interacionista de desenvolvimento para fundamentar sua tese sobre os fenômenos psíquicos humanos. Suas teorias toma como base a **psicogênese humana**, com o objetivo de estudar esses fenômenos desde sua origem. Essa linha de pesquisa exige o estudo da mente humana e de como ela se desenvolve desde o nascimento.

Quem foi Henri Wallon

Henri Wallon nasceu na França e, como Vygotsky, tinha formação em medicina, psicologia e filosofia. Também não concebia o homem apenas como um ser biológico, e sim inserido em uma realidade histórica e cultural que não pode ser ignorada. Interessou-se por pesquisas na área de psicologia infantil com crianças que tinham distúrbios neurológicos e de comportamento.

Wallon se destacou no campo da psicologia pela **teoria da formação integral do ser humano** segundo uma perspectiva sociocultural. Para entender o que Wallon (1968) estabelece como *formação integral*, é necessário conhecer os quatro campos ou domínios funcionais que a criança precisa desenvolver para se tornar um indivíduo completo (ver Quadro 2.1).

Quadro 2.1 – Os domínios funcionais de Wallon (1968)

	Domínio funcional	Palavras-chave
	Afetividade	Sentimentos; emoções
	Ato motor	Movimento; expressão corporal
	Conhecimento	Inteligência; mente
	Pessoa	Ser humano completo

OpenClipart-Vectors, Clker-Free-Vector-Images e GDJ/Pixabay

Apesar de todos esses domínios estarem presentes no ser humano, nem sempre são representativos e podem ser tolhidos à medida que se configura uma relevância de um sobre outro. Para Wallon (1968), esses domínios são indissociáveis e interdependentes. Parece-nos uma afirmação incontestável, mas, se observarmos algumas instituições de ensino, verificaremos que o domínio do conhecimento se sobrepõe ao da afetividade e ao do ato motor na maior parte dos estágios de desenvolvimento da criança. O estímulo ao desenvolvimento motor e à psicomotricidade, bem como à afetividade, restringe-se especialmente aos estágios mais iniciais, como a educação infantil; entretanto, deveriam se prorrogar ao longo de toda a formação escolar. Identificamos aí, portanto, uma deficiência na formação integral da criança, afetando o domínio funcional da pessoa completa.

Essa deficiência pode ser reparada quando a criança é incentivada a participar de atividades lúdicas. Vygotsky já demonstrava que, quando a criança brinca, ela também expressa suas emoções. Wallon (1968), por sua vez, afirma que a **afetividade** é crucial para o desenvolvimento cognitivo e que os **atos motores** desenvolvem, por meio dos jogos, novas funções. Wallon (1968, p. 79, grifo do original) especifica quais são essas funções.

> Funções sensório-motoras, com as suas provas de destreza, de precisão, de rapidez, mas também de classificação intelectual e de reação diferenciada como o *pigeon-vole*. Funções de articulação, de memória verbal e de enumeração como essas **cantilenas** ou pequenas fórmulas que as criancinhas aprendem umas com as outras com tanta avidez. Ou ainda funções de sociabilidade, nos jogos que opõem equipes, clãs, bandos, nos quais os papéis são distribuídos tendo em vista a colaboração mais eficaz para a vitória comum sobre o adversário.

Analisando esse trecho do texto desse teórico francês podemos notar que ele associa o jogo a aspectos que estão muito mais relacionados às experiências dos adultos. Para ele, a criança assimila o jogo com base na percepção do adulto. Em razão disso, entende que os adultos se identificam com jogos porque estes permitem a liberdade de realizar atividades lúdicas que causam bem-estar e que se diferenciam das atividades obrigatórias e preocupantes, necessárias à sobrevivência. O jogo envolve a afetividade, o conhecimento e os atos motores que podem ter sido reprimidos e tolhidos na infância. Wallon (1968, p. 80) declara que "é preciso disposição e por vezes uma aprendizagem ou uma reaprendizagem. Se a companhia das crianças pode ser tão repousante, é porque ela faz voltar o adulto a atividades desligadas entre si e despreocupadas". O autor reforça que o jogo não pressupõe a renúncia ou a negação das atividades obrigatórias; em verdade, ele é necessário para recuperar as energias, uma vez que é livre de exigências.

Para cada fase do desenvolvimento infantil, Wallon (1968) atribui aos jogos qualidades específicas essenciais para a formação integral do ser humano:

1. **Jogos funcionais**: Nas fases iniciais de desenvolvimento, as crianças brincam naturalmente por meio de "movimentos muito simples" (Wallon, 1968, p. 75) que traduzem expressões corporais. Os esquemas sensório-motores são bastante utilizados na exploração de objetos ou do próprio corpo, nas experiências sensoriais e na produção de sons, como gritos e gargalhadas.
2. **Jogos de ficção**: Correspondem aos jogos simbólicos de Piaget e aos de faz de conta de Vygotsky. A exemplo deste último, Wallon considerava a imitação a reprodução daquilo que a criança vivencia no seu cotidiano até que possa construir seu próprio eu. "Para as mais novas, a imitação é a regra dos jogos, a única que lhes é acessível, enquanto não puderem ultrapassar o modelo concreto, vivo, para atingir a ordem abstrata" (Wallon, 1968, p. 89).

Antes de se tornar adulta e ser mãe de verdade, a menina pode utilizar-se de elementos que vivencia com a própria mãe e imitar seu modo de agir e falar com suas bonecas, por exemplo. Mesmo com a imitação e o faz de conta, a criança não se ilude. Wallon (1968, p. 88) exemplifica que, se ela "brinca às refeições com pedaços de papel, sabe muito bem, ao batizá-los de iguarias, que continuam a ser pedaços de papel. [...] Porque, fingindo ela própria acreditar, sobrepõe aos outros uma nova ficção que a diverte. Mas isso não é mais que uma fase negativa de que depressa se cansa". Quando a criança cresce, os jogos de ficção também se tornam mais elaborados, pois, ao entender que aquilo é uma simulação, ela precisa de elementos mais próximos da realidade.

3. **Jogos de aquisição**: Para Wallon (1968, p. 76), "nos jogos de aquisição, a criança é, segundo uma expressão corrente, toda olhos e toda ouvidos". A observação e a atenção são elementos de que as crianças dispõem para conhecer e assimilar tudo o que está ao seu redor.

4. **Jogos de fabricação**: A criança "diverte-se a reunir, combinar, modificar, transformar objetos, e a criar novos" (Wallon, 1968, p. 76). Ao produzir ou transformar objetos, segundo o psicólogo, a criança utiliza seus conhecimentos adquiridos e os transforma em elementos de ficção, como um avião de papel ou um dinossauro de massinha.

Em sua obra *A evolução psicológica da criança*, o autor destaca, portanto, a importância das atividades lúdicas na infância para a formação integral de um adulto saudável, considerando os campos funcionais da afetividade, do movimento e da inteligência. É importante que o educador planeje as estratégias de aprendizagem que aplicará de modo que contemplem atividades lúdicas que envolvam mente, corpo e emoção. Para o teórico, o trabalho e as atividades obrigatórias devem ser intercalados com brincadeiras e jogos espontâneos, que dão à criança a liberdade de brincar e se expressar sem compromissos e prazos definidos.

2.4
Maria Montessori e a natureza sensorial infantil

Profundamente influenciada pelas ideias do filósofo Jean-Jacques Rousseau, Maria Montessori acredita que a criança precisava de liberdade e autonomia para desenvolver-se plenamente. Para isso, é vital um espaço físico adequado às necessidades da infância (Röhrs, 2010). Ao contrário dos outros teóricos que mencionamos até este ponto do texto, Montessori escreveu muito sobre experiências sensoriais (utilizando-se os cinco sentidos), higiene escolar e espaço físico ideal para desenvolvimento de atividades lúdicas.

Quem foi Maria Montessori

A médica italiana Maria Montessori foi uma mulher à frente do seu tempo. Em 1896, concluiu a faculdade de medicina e enfrentou muitos preconceitos, pois era a única mulher no curso. Iniciou seus trabalhos com crianças em uma clínica psiquiátrica e percebeu o quanto o espaço físico e as experiências sensoriais contribuíam para o desenvolvimento delas. A partir de então, dedicou-se à pedagogia e às políticas educacionais.

Foi na Casa das Crianças, uma espécie de creche popular que o governo romano ajudou a construir em um conjunto habitacional, que Montessori se revelou uma das maiores educadoras de todos os tempos. O lugar era destinado a entreter as crianças para que não depredassem o patrimônio público, mas Montessori viu muitas outras oportunidades quando foi convidada a dirigir um projeto educacional ali. O conceito montessoriano, que anos mais tarde seria modelo educacional no mundo inteiro, foi aplicado nesse lar destinado às crianças pobres com muito sucesso. Todo o ambiente era especialmente adaptado para as crianças, com mesas, cadeiras, armários e brinquedos com cores e arquiteturas que as estimulavam sensorialmente. Montessori (1965, p. 59), ao conceituar esse modelo de ambiente, explicita que:

> quando falamos de "ambiente", referimo-nos ao conjunto total daquelas coisas que a criança pode escolher livremente e manusear à saciedade, de acordo com suas tendências e impulsos de atividade. A mestra nada mais deverá fazer que ajudá-la, no início, a orientar-se entre tantas coisas diversas e compenetrar-se do seu uso específico; deverá iniciá-la à vida ordenada e ativa no seu próprio ambiente, deixando-a, em seguida, livre na escolha e execução do trabalho. Geralmente, as crianças têm preferências díspares: uma se ocupa com isto enquanto outra se distrai com aquilo, sem que ocorram desavenças. Assim, decorre uma vida social admirável e cheia de

> enérgica atividade, em meio a uma reconfortante alegria; as crianças resolvem por si mesmas os problemas da "vida social" que a atividade individual livre e pluriforme suscita a cada passo. Uma força educativa difunde-se por todo este ambiente, e dele participam todas as pessoas, crianças e mestras.

Podemos observar, com a leitura desse trecho, que *iniciativa* e *autonomia* são palavras-chave nos projetos de Montessori e que todo material lúdico deveria convergir para esse fim. Segundo esses conceitos, caberia às crianças a responsabilidade pelo cuidado de todo material utilizado e o respeito mútuo quanto a seu compartilhamento. Para Montessori, o ambiente organizado favorece a aprendizagem, e objetos desnecessários devem ser evitados.

"Compreendi então que no ambiente da criança tudo deve ser medido, além de colocado em ordem, e que da eliminação da confusão e do supérfluo nascem justamente o interesse e a concentração" (Montessori, 1990, p. 142). Tomando como base esse conceito, é preciso pensar o espaço lúdico como um local onde os objetos estão ao alcance das crianças, porém com uma organização categorizada. Por exemplo: uma estante para os livros, uma prateleira para os jogos, caixas para os brinquedos e gavetas para folhas e lápis de desenhar. A responsabilidade quanto à organização do espaço deve ser partilhada entre educadores e crianças, promovendo a autodisciplina. Esse conceito desfaz o mito de que a pedagogia montessoriana menospreza a disciplina. "Liberdade e disciplina se equilibravam, e o princípio fundamental era que uma não podia ser conquistada sem a outra. Considerada sob este ângulo, a disciplina não era imposta do exterior, era antes um desafio a ultrapassar para se tornar digno da liberdade" (Röhrs, 2010, p. 19).

Figura 2.3 – Conceito de sala de aula montessoriana

Beloborod/Shutterstock

Maria Montessori, segundo Röhrs (2010), evidencia o movimento corporal nas práticas educativas, o que podemos perceber claramente nos espaços montessorianos. Para Montessori (1965, p. 45), "não é um disciplinado o indivíduo que se conserva artificialmente silencioso e imóvel como um paralítico. Indivíduos assim são aniquilados, não disciplinados". Como é usual pressupor que liberdade e indisciplina caminham juntas, Montessori enfatiza que a liberdade não significa falta de limites: "sua liberdade deve ter como limite o interesse coletivo, e como forma aquilo que denominamos educação das maneiras e dos gestos. Devemos, pois, interditar à criança tudo o que pode ofender ou prejudicar o próximo, bem como todo gesto grosseiro ou menos decoroso" (Montessori, 1965, p. 45).

Montessori defende que a socialização por meio de jogos e brincadeiras é fundamental para o desenvolvimento da disciplina, do respeito mútuo e da intelectualidade – assim como as experiências sensoriais. As atividades lúdicas como um todo se tornam muito mais interessantes quando os sentidos são explorados o máximo possível. Do contrário, a atividade se torna desinteressante para a criança. Montessori (2004, p. 134, tradução nossa) ilustra isso com o seguinte exemplo: "um lindo brinquedo, uma pintura interessante, uma história fantástica, pode sem dúvida despertar o interesse da criança, mas se a criança só puder olhar, ouvir e tocar um objeto que permaneça em seu lugar, seu interesse será superficial e passará de um objeto para outro".

Portanto, é importante que o educador se certifique de que não está priorizando um dos aspectos sensoriais. Ainda hoje ocorre nas escolas a contação de histórias na qual a criança apenas ouve a narrativa. É preciso mostrar as figuras, permitir que as crianças segurem e manuseiem o livro e até mesmo sintam o cheiro do papel – ou seja, permitir que tenham uma experiência sensorial mais expressiva.

No Quadro 2.2, sugerimos alguns exemplos de jogos e brincadeiras que possibilitam a exploração sensorial significativa. Em cada um prevalece um sentido, mas é importante que as crianças, ao final da brincadeira, sejam convidadas a explorar outros sentidos também.

Quadro 2.2 – Exemplos de jogos sensoriais

Sentido	Jogo	Sugestão
Tato	Caixa das sensações e livros com texturas	Coloque em uma caixa diversos objetos de tamanhos e texturas diferentes. Vende os olhos da criança para estimular a percepção tátil. Ao manusear livros com diversas texturas, peça às crianças que descrevam suas sensações.
Visão	Binóculos coloridos	Prenda folhas de celofane em uma das extremidades de rolinhos de papel higiênico, formando um binóculo. Explore a diversidade de cores e também sobreponha os papéis para criar efeitos visuais diferentes.
Audição	Adivinhe o que é	Colete algumas garrafas PET e coloque dentro de cada uma diversos objetos que produzam diferentes sons: arroz, tampinhas, água. As crianças devem adivinhar, com os olhos fechados, o que tem em cada garrafa observando o som produzido.
Olfato	Jardim das sensações	Vende os olhos das crianças e peça que identifiquem o cheiro de algumas espécies de flores, ervas e plantas. Você também pode combinar com a exploração tátil.
Paladar	Que gosto tem?	Vende os olhos das crianças e traga alguns alimentos que produzam sensação de amargo, azedo, doce ou salgado.

2.5
Outros autores e a importância do brincar

A literatura sobre ludicidade e desenvolvimento infantil é extensa, tornando impraticável abordar todas as concepções teóricas que existem sobre o assunto nesta obra. No entanto, você pode encontrar livros e artigos de muitos autores que dedicaram sua vida profissional a aprofundar os conhecimentos sobre a infância e a ressaltar a importância da ludicidade para o pleno desenvolvimento infantil. Escolhemos, para finalizar este capítulo, abordar brevemente as ideias de Winnicott, a pedagogia Waldorf e o pensamento de Rubem Alves, mas sugerimos que você procure artigos sobre Fröbel, Decroly, Tizuko Kishimoto, entre outros, para ampliar seus conhecimentos sobre esse universo.

Winnicott

Donald Winnicott, pediatra e psicanalista, defende a premissa de que existem fenômenos transicionais que acontecem quando o bebê começa a se perceber como um ser separado da mãe e inicia sua relação com o mundo. Os brinquedos, nesse contexto, servem como objetos que representam essa transição no **espaço potencial**, o que equivaleria a um rito de passagem entre um bebê absolutamente dependente da mãe e a construção do seu próprio eu (Winnicott, 1975).

Podemos considerar, consequentemente, que o brinquedo também serve como representação da transição da família para a escola. Assim, para se sentir mais segura, a criança leva para a escola um objeto, geralmente um brinquedo, que representa sua relação com a família, até conseguir interagir espontaneamente com outras crianças.

Para o inglês, o brinquedo e as brincadeiras satisfazem as necessidades da criança, criando uma ilusão que ela considera real. Essa ilusão é fundamental para que, quando adulta, a pessoa consiga resolver melhor seus problemas e construir sua identidade. À medida que cresce, a criança tende a diminuir o investimento de energia psíquica nos objetos transicionais e passa a desenvolver interesses culturais (Winnicott, 1975).

O teórico argumenta que a ilusão criada pelas brincadeiras é uma manifestação autêntica de criatividade. A criança se interessa de tal forma por esse mundo ilusório que consegue chegar a um alto grau de concentração. "A criança que brinca habita uma área que não pode ser facilmente abandonada, nem tampouco admite facilmente intrusões" (Winnicott, 1975, p. 76). Segundo essa afirmação, não se deve interromper a brincadeira da criança, salvo em casos de demanda de horários escolares, porque, ao interromper a brincadeira, interrompem-se também as manifestações criativas. É recomendável, por exemplo, não chamar a atenção da criança para outro objeto, para não romper essa conexão entre a criança e a realidade da qual ela está se apropriando.

Para Winnicott (1975, p. 63), o ato de brincar é tão importante que ele define a brincadeira como

> universal e [...] própria da saúde: o brincar facilita o crescimento e, portanto, a saúde; o brincar conduz aos relacionamentos grupais; o brincar pode ser uma forma de comunicação na psicoterapia; finalmente, a psicanálise foi desenvolvida como forma altamente especializada do brincar, a serviço da comunicação consigo mesmo e com os outros.

Winnicott (1975), sobretudo, apontou a existência de vínculos afetivos que a criança desenvolve com o brinquedo, o que torna a brincadeira uma experiência real para ela.

Pedagogia Waldorf

Se pensarmos em outros aspectos da ludicidade, que não envolvam apenas brinquedos, jogos e brincadeiras, mas também as artes, a literatura, a música e o desenho, podemos usar a pedagogia Waldorf como um excelente suporte. Fundada pelo filósofo austríaco Rudolf Steiner, no início do século XX, a pedagogia Waldorf concebe a formação integral do indivíduo, nos campos intelectual, físico, artístico e espiritual. Nas escolas que seguem o modelo Waldorf,

> o ensino teórico é sempre acompanhado, por um lado, pelo enfoque prático (ênfase nas atividades corporais e artesanais) e, por outro, pelas atividades artísticas que, como sinalizado, no currículo Waldorf são um veículo didático para todas as matérias. Assim, o desenho, a pintura em aquarela, a música, o canto, o teatro, a modelagem em argila, a arte da fala, a euritmia, por um lado, e os trabalhos manuais (tricô, crochê), o desenho de forma, a marcenaria, a educação física, a jardinagem, por outro, são trabalhados no cotidiano escolar de forma bastante articulada com os conteúdos formais de cada época e com as demandas psicoemocionais do educando, de acordo com cada fase de seu desenvolvimento, para que se vivencie o aprendizado de forma significativa. (Silva, 2015, p. 110-111)

Em vista disso, podemos afirmar que a pedagogia Waldorf se baseia em uma educação eminentemente lúdica. O resgate das brincadeiras tradicionais, como pega-pega, cantigas de roda e contação de histórias, é considerado fundamental para os defensores dessa filosofia educacional. Isso porque as brincadeiras não apenas têm a função de entretenimento, mas também ajudam a desenvolver a criatividade, a socialização, a psicomotricidade e a própria linguagem.

Para Steiner (2003, p. 35), a brincadeira apenas pela brincadeira não deve ser incentivada:

> nossa tarefa, ao contrário, consiste em introduzir na educação o que é pleno de vida, e não meras brincadeiras. Portanto, não compreendam mal: não digo que o folguedo não deva ser introduzido na educação; apenas não convém introduzir na escola um folguedo artificialmente preparado para o ensino.

Nas escolas Waldorf, é comum, em lugar da organização seletiva dos alunos por idade, o incentivo para que crianças de idades diferentes convivam de modo que os pequenos aprendam com os maiores e estes ajudem a cuidar dos mais novos e a ensiná-los. Os brinquedos utilizados pelas crianças apresentam características especiais: são artesanais, confeccionados com materiais naturais e sua simplicidade confere à criança maior poder para usar a imaginação e estimula a criatividade. Brinquedos eletrônicos e complexos, portanto, não permitem alcançar esse propósito, uma vez que raramente demandam a iniciativa das crianças.

Sem uma finalidade prática, que retrate a vida cotidiana de modo que traga significados para o dia a dia, o brinquedo não se enquadra na pedagogia Waldorf. Para Steiner (2003), as brincadeiras precisam ensinar à criança situações que ela vivenciará na fase adulta. Por exemplo: aprender a cozinhar em uma brincadeira de casinha, ao utilizar utensílios em miniatura imitando o adulto em suas ações; ou aprender noções de agricultura nas aulas de geografia. Assim, é importante incentivar a criança a "imitar alguma dessas coisas, ao menos como pequeno brinquedo ou obra de arte. Com isso ela se tornará hábil e preparada para posicionar-se corretamente mais tarde, na vida" (Steiner, 2003, p. 104).

Rubem Alves

Para completar o grupo de teóricos de que tratamos nesta obra, apresentamos um autor brasileiro que falou sobre a essência da infância no seu estado mais pueril: Rubem Alves. A maioria de suas obras tem um tom muito mais poético do que acadêmico. Rubem Alves foi um grande defensor do brincar livre. Segundo ele: "nada melhor para se sonhar que contemplar uma criança a brincar" (Alves, 2000, p. 59). Para o autor, a brincadeira livre simbolizava a leveza do pensamento. O mundo onde a criança vive é um grande brinquedo, e objetos como uma pedrinha podem ensinar como o mundo realmente é. Para Rubem Alves (2000), os conteúdos que aprendemos na escola são como bolinhas de gude: brinquedos que representam objetos de prazer.

Sendo assim, por que as brincadeiras se tornam menos frequentes quando a fase adulta vai se aproximando? Segundo Alves (2000), brinquedos e brincadeiras não enriquecem as pessoas, que precisam trabalhar para sobreviver. Consequentemente, são vistos como perda de tempo e de energia. Observe que esse pensamento ainda é reproduzido nas escolas com frases como "acabou a brincadeira, está na hora de estudar", ou "primeiro a obrigação, depois a diversão". Rubem Alves não enxergava uma dicotomia entre esses dois universos, mas reconhecia a existência de contradições nesse contexto:

> O brinquedo é uma atividade inútil. E, no entanto, o corpo quer sempre voltar a ele. Por quê? Porque o brinquedo, sem produzir qualquer utilidade, produz alegria. Felicidade é brincar. E sabem por quê? Porque no brinquedo nos encontramos com aquilo que amamos. [...] Pode ser qualquer coisa: ler um poema, escutar uma música, cozinhar, jogar xadrez, cultivar uma flor, conversa fiada, tocar flauta, empinar papagaio [...]. Não leva a nada. Porque não é para levar a nada. Quem brinca já chegou. Coisas que levam a outras, úteis, revelam que ainda estamos no caminho: ainda não abraçamos o objeto amado. Mas no brinquedo temos uma amostra do Paraíso. (Alves, 2000, p. 73)

O ato de brincar não está, necessariamente, vinculado ao brinquedo como objeto. Rubem Alves dizia que as palavras também são brinquedos transformados em piadas ou poemas: "As coisas que escrevo são brinquedos. Se vocês leem o que escrevo e gostam é porque vocês estão brincando com o brinquedo de palavras que fiz" (Alves, 2013b, p. 39). Segundo o autor, as palavras permitem a brincadeira com ideias que não existem, como acontece nos livros de histórias e no faz de conta. Um unicórnio não existe na realidade, mas existe nas palavras. Quando alguém conta uma história que tem um unicórnio, conseguimos visualizar um modelo em nossa mente, sem que necessariamente tenhamos visto um de verdade. O faz de conta é a imaginação brincando: a caixa de fósforos vira carrinho e a vassoura vira cavalo.

Rubem Alves acredita que a escola é uma das responsáveis pela perda da capacidade de imaginar, com seus conceitos e avaliações objetivos, priorizando o certo e o errado. Para o autor, com isso, a criança vai perdendo o poder mágico de transformar príncipe em sapo e lata de sardinha em carrinho (Alves, 2013b).

Quando a criança constrói um brinquedo, ela precisa usar a imaginação, mas hoje em dia os brinquedos, em sua maioria, já vêm prontos. Sendo assim, perde-se uma rica oportunidade de aprendizagem, pois, quando a criança cria um brinquedo, nasce nela um "controle de qualidade" (Alves, 2013a). "Fazendo estilingues desenvolvi as virtudes necessárias à pesquisa: só se conseguia uma forquilha perfeita de jabuticabeira depois de longa pesquisa" (Alves, 2013a, p. 121). Para ele, o brinquedo também deve ser desafiador:

> Alguns são desafios que têm a ver com a habilidade e a força física: salto com vara; encaçapar a bola de sinuca; enfiar o pino do bilboquê no buraco da bola de madeira. Outros têm a ver com nossa capacidade para resolver problemas lógicos, como o xadrez, a dama, a quina. Já os quebra-cabeças são desafios à nossa paciência e à nossa capacidade de reconhecer padrões. (Alves, 2013a, p. 124)

Assim sendo, é preciso que o educador ative sua sensibilidade para enxergar a ludicidade como um ato transformador da vida do aluno. Segundo Alves (2013a, p. 124), "professor bom não é aquele que dá uma aula perfeita, explicando a matéria. Professor bom é aquele que transforma a matéria em brinquedo e seduz o aluno a brincar. Depois de seduzido o aluno, não há quem o segure".

Síntese

Neste capítulo, exploramos algumas concepções sobre os aspectos lúdicos presentes nas obras de alguns teóricos que contribuíram de maneira extraordinária para a compreensão do desenvolvimento infantil. O suíço Jean Piaget justificou a importância da ludicidade na construção da inteligência humana, principalmente nas ações de brincar e jogar durante todos os estágios de desenvolvimento infantil. O bielorrusso Vygotsky construiu seus argumentos sobre ludicidade baseando-se em uma perspectiva sócio-histórica, afirmando que jogos, brinquedos e brincadeiras são produtos de experiências culturais. Alegava também que as atividades de imaginação e o faz de conta têm um caráter marcante para o desenvolvimento infantil, pois, por meio da imitação, implicam a reprodução e a reelaboração de significados para a vivência infantil. O francês Henri Wallon, assim como Piaget, também categorizou tipos de jogos conforme a fase de desenvolvimento da criança para a formação integral do ser humano. A italiana Maria Montessori dedicou-se a criar um método pedagógico inovador e, tomando como base suas experiências na área de medicina, planejou um modelo de espaço físico apropriado à exploração dos sentidos. Winnicott, Steiner e Rubem Alves contribuíram com suas experiências e vivências com a ludicidade, atribuindo aos aspectos lúdicos diferentes significados.

Indicações culturais

Livro

PIAGET, J. **O nascimento da inteligência na criança**. Tradução de Álvaro Cabral. 4. ed. Rio de Janeiro: LTC, 1987.

Nessa obra, Piaget trata especialmente da construção de esquemas no estágio sensório-motor e de como os jogos de assimilação e acomodação acontecem nessa fase. Traz também observações das brincadeiras e atividades lúdicas de sua filha Jaqueline para exemplificar e ilustrar seus conceitos.

Site

LAR MONTESSORI. Trabalho e brincadeira I. Disponível em: <https://larmontessori.com/2013/10/22/trabalho-e-brincadeira-i/>. Acesso em: 23 maio 2018.

O *site* sobre Maria Montessori, suas obras, métodos e conceitos, traz o artigo "Trabalho e brincadeiras", no qual são abordadas as características das brincadeiras contempladas no método Montessori, as diferenças entre trabalho e brincadeira e entre material e brinquedo.

Vídeo

MONTESSORI SENSORIAL EXERCISES. Disponível em: <https://www.youtube.com/watch?v=NlnHVxJKEiM>. Acesso em: 23 maio 2018.

Vídeo em inglês com alguns exemplos de jogos sensoriais que podem ser adaptados para as escolas. Não há necessidade da compreensão da língua inglesa para assistir ao vídeo.

Atividades de autoavaliação

1. Com relação aos argumentos de Piaget no que diz respeito aos aspectos lúdicos de sua teoria, marque V para verdadeiro e F para falso em cada uma das afirmações a seguir.
   ( ) A criança constrói sua inteligência a cada estágio de desenvolvimento e a maneira como ela brinca ou joga vai se modificando conforme a fase em que se encontra.

( ) Para Piaget, o jogo simbólico ajuda a desenvolver as percepções sensoriais e os esquemas motores em crianças no estágio sensório-motor.

( ) Os jogos de regras são importantes nas atividades coletivas porque ajudam a estabelecer acordos entre os participantes.

( ) Os jogos de regras não são mais necessários durante o estágio operatório-formal porque as regras já foram totalmente internalizadas durante o estágio operatório-concreto.

Agora, assinale a alternativa que corresponde à sequência correta:

a) F, F, V, V.
b) V, F, V, F.
c) V, F, F, V.
d) V, V, V, F.

2. De acordo com a relação entre imaginação e realidade apresentada por Vygotsky, é correto afirmar:
   a) A imaginação permite a construção de um cenário mental de uma época que não vivenciamos fisicamente.
   b) A imaginação das crianças é muito mais rica que a dos adultos, pois elas possuem menor compreensão da realidade cultural em que estão inseridas.
   c) O produto da imaginação não pode ser influenciado pelos estados mentais.
   d) A imaginação daquilo que não existe não pode se tornar realidade.

3. Henri Wallon classifica os jogos infantis em quatro categorias: funcionais, ficção, aquisição e fabricação. Analise a conceituação de cada categoria nas afirmativas a seguir:
   I) Os jogos funcionais têm funções específicas e necessitam de regras para que as crianças obtenham um melhor desempenho.
   II) Os jogos de ficção compreendem a imitação e o faz de conta.
   III) Os jogos de aquisição exigem a observação e a atenção das crianças para assimilar os elementos do mundo a sua volta.
   IV) Os jogos de fabricação permitem explorar objetos e têm como função principal desenvolver habilidades sensório-motoras.

   Estão corretos apenas os conceitos:

   a) II e III.
   b) III e IV.
   c) I, II, III.
   d) I e IV.

4. "Montessori defendia que a socialização por meio de jogos e brincadeiras era fundamental para o desenvolvimento da disciplina, do respeito mútuo e da intelectualidade – assim como as experiências sensoriais."

   Sobre esta argumentação, é correto afirmar:

   a) Maria Montessori desprezou a organização e a disciplina quando propôs espaços lúdicos com materiais ao alcance dos alunos.

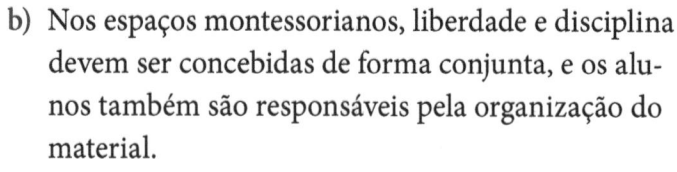

b) Nos espaços montessorianos, liberdade e disciplina devem ser concebidas de forma conjunta, e os alunos também são responsáveis pela organização do material.
c) Nos espaços montessorianos, cabe ao educador fixar as regras de disciplina para impor ordem e respeito durante as brincadeiras.
d) Nos espaços montessorianos, as crianças só podem ter acesso aos materiais determinados previamente pelo professor.

5. Associe as colunas conforme o pensamento de cada autor:
   A) Piaget
   B) Vygotsky
   C) Wallon
   D) Montessori
   E) Winnicott
   F) Steiner
   G) Rubem Alves

   ( ) É preciso ordem e acessibilidade aos materiais lúdicos no ambiente.
   ( ) Definir o brinquedo como uma atividade que dá prazer à criança é incorreto.
   ( ) O brinquedo não precisa ser útil, ele precisa trazer alegria.
   ( ) As brincadeiras precisam ensinar à criança situações que ela vivenciará na fase adulta.
   ( ) Os jogos simbólicos caracterizam a fase em que a criança associa fantasia com realidade.

( ) A criança que brinca habita uma área que não pode ser facilmente abandonada, nem tampouco admite facilmente intrusões.

( ) As atividades lúdicas são importantes para a formação integral de um adulto saudável, considerando os campos funcionais da afetividade, movimento e inteligência.

Assinale a alternativa que apresenta a sequência correta:

a) D, A, G, F, E, B, C.
b) E, B, G, C, F, A, D.
c) D, B, G, F, A, E, C.
d) D, C, A, B, G, E, F.

Atividades de aprendizagem

Questões para reflexão

1. Neste capítulo, explicitamos que alguns teóricos da educação e da psicologia concebem o lúdico como fator primordial para o desenvolvimento infantil. Nem todos apresentam o mesmo ponto de vista com relação aos aspectos lúdicos. Para organizar os conceitos sobre ludicidade, elabore um quadro comparativo com as principais ideias de brincadeiras, jogos e ludicidade com base no pensamento de Piaget, Vygotsky, Wallon, Montessori, Winnicott, Steiner e Rubem Alves, destacando as convergências e as divergências entre as argumentações. Se necessário, faça outras pesquisas para esclarecer melhor os propósitos de cada um desses teóricos.

2. Vygotsky afirma que as brincadeiras das crianças incorporam algumas regras de conduta. Em um trecho deste capítulo, há a seguinte afirmação:

> Como as regras pressupõem uma construção social, as atividades coletivas e/ou mediadas por adultos, como as que acontecem na escola, são fundamentais como recurso pedagógico. As atividades lúdicas atuam diretamente na zona de desenvolvimento proximal e, quando bem planejadas e adequadas ao nível desenvolvimento da criança, são fatores primordiais no processo de aprendizagem.

Tomando como base essa reflexão, elabore uma lista de atividades lúdicas como propostas de planejamento e explique como elas podem atuar na zona de desenvolvimento proximal.

Atividade aplicada: prática

1. Em sua classificação sobre jogos, Wallon relacionou algumas características que marcam cada fase do desenvolvimento infantil, como os jogos de fabricação. Nestes, é possível criar ou transformar objetos, tornando-os brinquedos que estimulam a imaginação. Com base nessa informação, faça uma investigação em uma instituição de ensino em que as crianças construam seus brinquedos com sucata. Elabore um relato sobre os brinquedos construídos e sobre como as crianças os utilizam nas atividades lúdicas. Na sequência, indique em seu relato como esses brinquedos podem ser utilizados nas atividades sensoriais, conforme os conceitos de Maria Montessori.

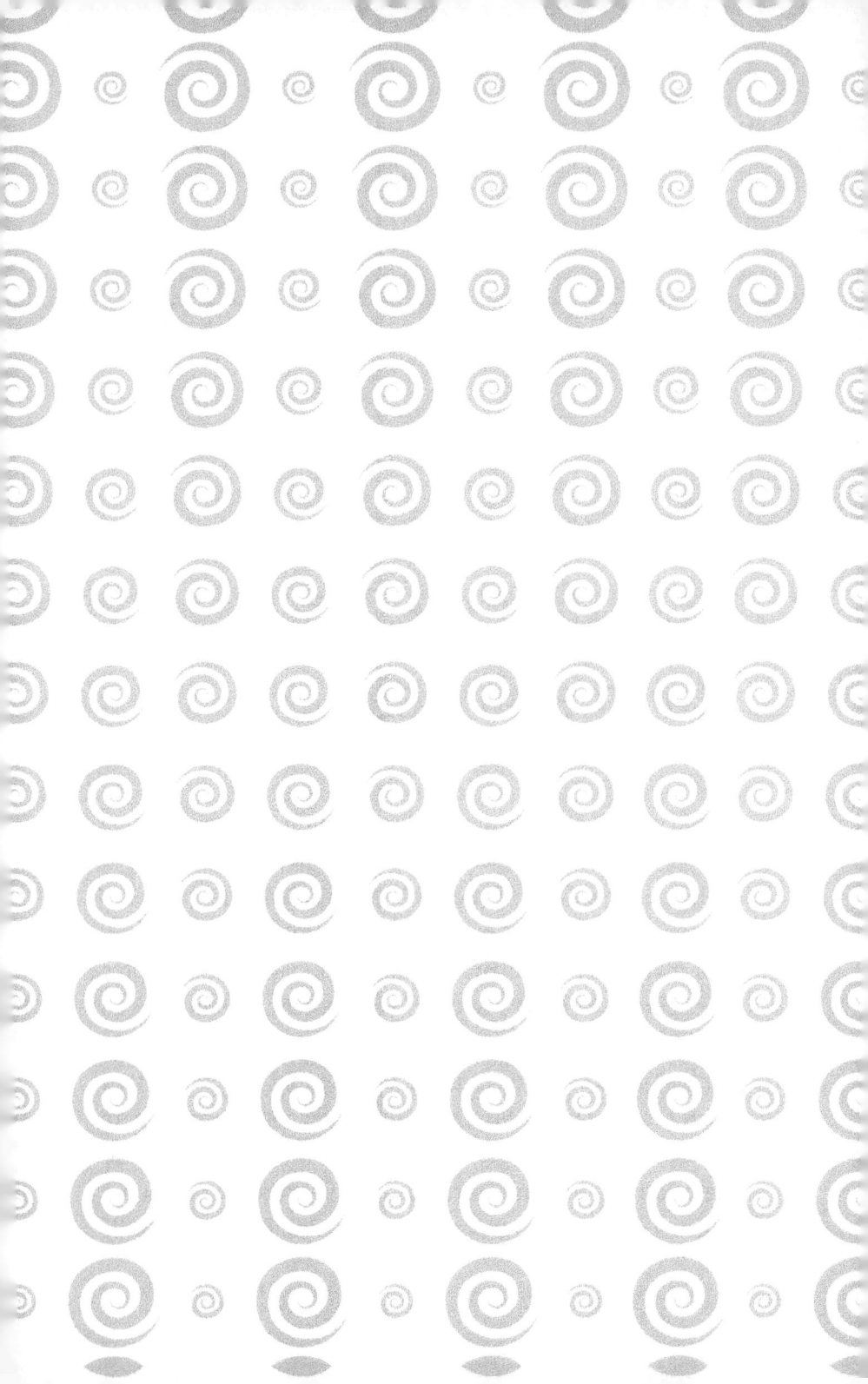

3
Mundo fantástico da imaginação

Neste capítulo, analisaremos de que modo o mundo mágico do faz de conta pode ser explorado como projeto educativo. O faz de conta é apresentado pelos teóricos da educação como elemento significativo para o desenvolvimento infantil pleno por meio das brincadeiras. A imitação, o teatro e as expressões corporais no faz de conta enriquecem a dramatização e auxiliam na construção do autoconhecimento. A contação de histórias, os livros infantis, os desenhos e a escrita também são contemplados no faz de conta, contribuindo para a inspiração da imaginação infantil e o desenvolvimento da criatividade. Finalizaremos o capítulo refletindo sobre o papel dos adultos na participação do imaginário infantil.

3.1
Valor e significado do faz de conta nas brincadeiras

Estudando os teóricos no Capítulo 2, pudemos constatar o quanto a brincadeira de faz de conta é indispensável para o desenvolvimento infantil saudável. Vale retomarmos a visão de cada um deles sobre essa atividade:

- **Jean Piaget**: O faz de conta é representado pelos jogos simbólicos, como os jogos de imitação e de imaginação, em que a criança recorre à fantasia para compreender os problemas da realidade e encontrar soluções a sua maneira.
- **Vygotsky**: O faz de conta é uma atividade regrada, que está concatenada com as experiências socioculturais. Nessa atividade, a criança reproduz as ações da vida real e as reelabora ativamente, de acordo com sua visão, construindo novos significados.
- **Wallon**: Os jogos de ficção representam o faz de conta, em que a imaginação e a imitação servem de modelos concretos para atingir o pensamento abstrato e a construção da identidade.
- **Montessori**: O ambiente deve ser inspirador para as brincadeiras de faz de conta, com brinquedos e objetos que precisam estar ao alcance das crianças, combinando imaginação e criatividade por meio de experiências sensoriais.
- **Winnicott**: O faz de conta cria uma ilusão que satisfaz as necessidades da criança e estabelece mecanismos que

ajudarão a pessoa na fase adulta a resolver dilemas reais. Os brinquedos utilizados servem de objetos transicionais para a compreensão do mundo.
- **Steiner:** O faz de conta, por meio da imitação, serve para ensinar à criança situações que ela vivenciará na fase adulta, seja em uma brincadeira de casinha, seja quando dirige um carrinho de brinquedo.
- **Rubem Alves:** O faz de conta é a nossa imaginação brincando. Quando a criança cria seus próprios brinquedos, a atividade dá asas à imaginação e entusiasma a criatividade.

Você já deve ter percebido o quanto as crianças se interessam pelo mundo adulto. Elas observam tudo com atenção e, por meio da imitação, atribuem um novo significados a certos elementos, os quais transportam para seu mundo infantil, tornando-se protagonistas de seus desejos. Esse é um pensamento consonante com o Referencial Curricular para a Educação Infantil – RCNEI (Brasil, 1998a, p. 27), que afirma que "toda brincadeira é uma imitação transformada, no plano das emoções e das ideias, de uma realidade anteriormente vivenciada". Assim, as crianças enxergam a realidade por meio das brincadeiras de faz de conta, em que se envolvem emocionalmente.

O ato de brincar pode oferecer muito mais pistas sobre a personalidade da criança do que um simples diálogo. Isso porque, dependendo de sua idade, ela ainda não consegue manifestar simbolicamente de forma exata o que sente ou pensa, mas consegue se expressar por meio de práticas lúdicas, como brincadeiras, desenhos, dramatizações e expressões corporais. Aos adultos cabe, no faz de conta, exercer o papel de "detetive" e investigar elementos da personalidade que demandem alguma atenção especial. Por exemplo, quando uma criança brinca de casinha, ao imitar o pai, a mãe, os irmãos ou outros adultos com quem convive, ela pode manifestar expressões de raiva, violência excessiva, sensação de abandono, preconceitos sociais e desigualdade de gênero. Em algumas situações, ela não tem noção do real significado do que está fazendo ou falando, mas elabora e interpreta esses elementos a sua maneira.

A interferência constante do adulto na brincadeira para tentar corrigir alguma situação, no entanto, não é recomendada. No capítulo anterior, assinalamos que, conforme Winnicott, a interferência do adulto interrompe as manifestações criativas da criança e tira sua autonomia em resolver os problemas. Quando o adulto "detetive" identifica uma ação de cunho preconceituoso ou de violência excessiva, por exemplo, a abordagem mais adequada deve ser feita em momento posterior à brincadeira, por meio de diálogos ou exemplos que façam parte da realidade das crianças, dando a elas oportunidade de refletir sobre o assunto.

Os jogos simbólicos do faz de conta começam a se manifestar quando a criança tem por volta de 2 anos de idade. Piaget (2013) aponta que os esquemas simbólicos de imitação podem se manifestar ainda no estágio sensório-motor, mas a criança só passa a ter consciência da dimensão simbólica de um objeto ou brinquedo quando entra no estágio operatório-concreto. Machado (2007, p. 26) salienta que "do mesmo modo que os sonhos, as brincadeiras também servem à autorrevelação bem como à comunicação com níveis mais profundos, inconscientes, arquetípicos". Essa comunicação, ainda segundo o autor, ocorre por meio da linguagem simbólica do faz de conta. A criança começa a desenvolver esquemas simbólicos que exigem memorização, atenção e criatividade, o que acontece naturalmente, sem imposições, gerando um aprendizado espontâneo e significativo.

Por essa razão, as brincadeiras de faz de conta são incentivadas pelo RCNEI: "pela repetição daquilo que já conhecem, utilizando a ativação da memória, [as crianças] atualizam seus conhecimentos prévios, ampliando-os e transformando-os por meio da criação de uma situação imaginária nova" (Brasil, 1998b, p. 23). As variações do faz de conta se apresentam nas mais diversas atividades que podem ser desenvolvidas com as crianças, como dramatizações, contação de histórias, literatura infantil, produção de desenhos e escrita e jogos. Na sequência, detalharemos cada uma delas.

3.2
Dramatização misturando realidade e fantasia

Certamente, você já observou que o faz de conta nas brincadeiras está vinculado às dramatizações. As crianças atuam e representam situações da realidade como se estivessem em uma peça de teatro com ou sem plateia. Vygotsky (2009, p. 97) afirma que "a criação teatral, ou a dramatização, é a que está mais próxima da criação infantil".

As primeiras manifestações de dramatização podem estar associadas ao animismo, quando a criança começa a personificar brinquedos, bichos de pelúcia, bonecos e até mesmo a Lua e o Sol, estabelecendo um diálogo com eles. Piaget (1999, p. 30) afirma que "o animismo infantil é a tendência a conceber as coisas como vivas e dotadas de intenção". A criança entende e representa essa relação com reciprocidade quando ela pergunta e ela mesma responde como se fosse vontade ou intenção daquele objeto, ou seja, como uma prosopopeia.

Assim como um objeto pode assumir uma personalidade no mundo do faz de conta, a criança, por meio do seu corpo, pode assumir a função de um objeto. Logo, ela pode dramatizar que é uma minhoca, se arrastando pelo chão; que é um pássaro, fingindo voar ao correr de braços abertos; ou que é uma árvore, ficando imóvel, por exemplo. Vygotsky (2009, p. 98) evidencia que "a criança que vê pela primeira vez um trem dramatiza suas impressões: interpreta o papel de trem, bate, apita, tentando imitar o que vê".

A escola pode oferecer diversas oportunidades para as manifestações dramáticas no faz de conta. Quando assumem papéis diferentes de sua personalidade, as crianças constroem significados para si tomando como base as próprias experiências e a relação com o outro. Oferecer a elas a oportunidade de se expressar por meio das dramatizações pode gerar resultados ótimos.

Quando pensamos em dramatizações, logo nos vem à mente a produção teatral. Seja fruto de uma proposta temática ou de improvisação, o teatro pode ser uma expressão artística fascinante para o desenvolvimento da linguagem, da criatividade e da sociabilidade. O resultado é mais natural quando iniciado pela dramatização espontânea. Quando escolhem os objetos que farão parte da encenação e participam da construção do cenário, as crianças se sentem parte daquela produção. "A preparação dos acessórios, das decorações, do figurino dá motivos para a criação plástica e técnica das crianças" (Vygotsky, 2009, p. 99).

Quando, ao contrário, elas recebem prontos os cenários, as fantasias e os objetos e desempenham papéis engessados, predeterminados e impostos pelos adultos, não há uma identificação com aquele faz de conta e, consequentemente, não há naturalidade na encenação. Podem ocorrer até mesmo frustrações por parte das crianças pelo desejo de desempenhar determinados papéis ou ansiedade por não saber exatamente como agir. Portanto, a brincadeira se torna muito mais significativa quando as crianças protagonizam seus atos também nos bastidores e escolhem os materiais e personagens sozinhas ou por sugestão, e não pela imposição dos educadores.

É importante que o espaço destinado à realização da atividade lúdica dramatizada seja planejado de modo que esteja sempre organizado permitindo às crianças explorar sua criatividade. Há diversos materiais que o educador pode providenciar para criar uma encenação de faz de conta: um deles é um espelho. Quando vestem o "figurino" de seus personagens, é recomendável que as crianças tenham uma visão completa de suas caracterizações, o que dá mais credibilidade à brincadeira, pois elas se percebem fingindo ser outra pessoa. O RCNEI (Brasil, 1998b, p. 39) propõe que haja diversidade de adereços para compor as fantasias:

> Nesse sentido, a maquiagem (que as crianças podem utilizar sozinhas ou auxiliadas pelo professor), fantasias diversas, roupas, sapatos e acessórios que os adultos não usam mais, bijuterias, são ótimos materiais para o faz de conta nesta faixa etária. Com eles, e diante do espelho, a criança consegue perceber que sua imagem muda, sem que modifique a sua pessoa.

As ideias para a temática e o enredo da peça podem ser um consenso entre os próprios alunos, uma problematização proposta pelo professor a respeito de um tema relevante e significativo para os alunos ou histórias dos livros que eles já conhecem. A contação de histórias pode servir como combustível para as representações e releituras das narrativas apresentadas. O RCNEI (Brasil, 1998b, p. 65) também apresenta propostas que podem ser adaptadas à realidade e à faixa etária dos alunos:

> Vários projetos relacionados ao faz de conta podem ser desenvolvidos, tais como a construção de um cenário para uma viagem intergaláctica; a confecção de fantasias para brincar de bumba meu boi; construir castelos de reis e rainhas; cenas de histórias e contos de fadas etc. Pode-se planejar um projeto de realização de um circo, por exemplo, com todas as crianças da instituição, envolvendo cada grupo em função da idade e das suas capacidades. O grupo dos grandes pode definir as personagens, os meios e os materiais a serem utilizados, assim como definirem quando e para quem será destinado. Podem, também, confeccionar fantasias para os pequenos, para que participem de seu circo ou que criem pequenos circos em sala.

Quando as crianças têm autonomia para criar, eventualmente podem ocorrer cenas em que a agressividade se manifesta. É muito comum ver crianças brincando de luta, de guerra de espadas, de polícia e ladrão, manifestações que acabam sendo incorporadas nas dramatizações teatrais. Em alguns casos, a escola, em vez de lidar com essas questões, prefere coibir e até mesmo proibir as manifestações mais agressivas.

> E você? Como agiria se visse um aluno com uma arma de brinquedo simulando tiros em outros colegas? Você proibiria?

A proibição não seria a alternativa mais sensata, porque essas manifestações são importantes para que a criança saiba lidar com seus próprios sentimentos, como a raiva e a frustração. As brincadeiras de luta ou de guerra se tornam válvula de escape para sentimentos reprimidos. Logicamente, a segurança das crianças é um aspecto prioritário, mas demonstrar compreensão e explicar a elas, depois que a brincadeira acaba, que aquela é uma atitude que tem de ser reservada ao mundo do faz de conta, pode ajudá-las a lidar melhor com um temperamento mais colérico. Sabemos que o que acontece no faz de conta não necessariamente acontece no mundo real, e isso ajuda a criança a construir sua consciência a respeito da diferença entre fantasia e realidade. A repressão é um fator preocupante porque pode gerar futuros comportamentos agressivos. É importante ressaltar que muitas vezes a criança não quer imitar alguém, e sim participar de uma realidade que não é a dela:

> Às vezes, o faz de conta não imita a realidade, mas, ao contrário, é um meio de sair dela, um jeito de assumir um novo

estado de espírito, como, por exemplo, quando a criança veste uma fantasia de palhaço e vai para o fogão fazer comidinha, ou então, veste a fantasia de fada e vai correr e brincar de pegador. Quando existe representação de uma determinada situação (especialmente se houver verbalização), a imaginação é desafiada pela busca de soluções para os problemas criados pela vivência dos papéis assumidos. As situações imaginárias estimulam a inteligência e desenvolvem a criatividade. (Cunha, 2007, p. 23)

O uso de máscaras, muitas vezes produzidas pelas crianças, pode acrescentar uma nova dimensão e conferir maior dinamismo à encenação. Trata-se de uma tradição teatral que fascina as crianças e muitas vezes dá às mais tímidas a oportunidade de manifestar suas expressões com mais naturalidade. A atividade se torna mais interessante quando envolve personagens que os alunos conhecem ou com os quais se identificam, mas o professor pode apresentar novos personagens como sugestão, contextualizando segundo a realidade das crianças ou contando sua história. Independentemente da forma como a dramatização é proposta, mais importante que o produto final, é a valorização de todo o processo de construção pelas crianças. Vygotsky (2009) sabiamente afirma que a melhor recompensa para uma criança deve ser a satisfação de participar da elaboração do espetáculo, e não apenas os elogios dos adultos ao final da interpretação. O resultado é apenas uma consequência de um processo criativo repleto de aprendizagens.

3.3
Literatura infantil e faz de conta

Outra atividade lúdica muito presente no mundo do faz de conta são as histórias infantis. Podemos afirmar que a literatura infantil serve como matéria-prima para o desenvolvimento da imaginação. Mesmo em uma era em que predomina o uso das novas tecnologias, os livros infantis ainda reservam um espaço muito especial, principalmente nas instituições de ensino. Existe atualmente grande diversidade de livros com diferentes tamanhos, histórias e imagens capazes de estimular o imaginário infantil. Mesmo que ainda não saibam ler, as crianças manipulam os livros e procuram decifrar os enigmas que eles oferecem, interpretando os desenhos de acordo com sua visão de mundo. Normalmente, esse interesse pelos livros infantis se origina na **contação de histórias**.

A contação de histórias é um costume antigo. "No Brasil, por exemplo, o ato de contar histórias existiu na tradição de muitos povos indígenas e africanos, […] passado de geração para geração" (Bento, 2012, p. 132). Portanto, quando em uma roda de histórias contemplamos a diversidade social e cultural, estamos criando novos significados para a manutenção da tolerância e do respeito a outras culturas. Os livros podem servir de suportes à tradição oral da contação de histórias, e as imagens podem estimular a imaginação. Quando ouve uma história de pescadores que estão em alto mar, uma criança que nunca viu o mar terá uma vaga noção do cenário construída em sua mente, mas, quando essa mesma criança tem acesso à imagem ou à ilustração do mar exposta no livro, esse cenário ganha um novo significado para ela.

Com o surgimento da televisão, o imaginário infantil cedeu espaço à absorção de imagens em movimento. Quando vê o mar pela televisão, a criança recebe muitas informações pictóricas que constroem uma imagem mais verídica em sua mente. Com um livro, a criança tem de buscar elementos para complementar o cenário mental, pois uma ilustração sem movimento é insuficiente. Assim, ela mesma precisa criar os elementos necessários para o faz de conta e decidir quais deles quer manter. Não é o que acontece quando a criança assiste a uma história pela televisão. Como a imagem já vem pronta, ela não precisa criar o faz de conta: a televisão faz isso por ela. Experimente ler um livro e depois assistir a um filme sobre ele: a diferença é que, ao ler o livro, o leitor pode descrever o cenário e os personagens conforme sua própria vontade e imaginação.

A literatura também permite desenvolver a sensibilidade em outros níveis. Maria Helena Martins (citada por Faria, 2009, p. 14) "considera que há três níveis de leitura: o sensorial, o emocional e o racional". Como já explicamos ao apresentar o pensamento de Montessori, as crianças têm necessidade de manusear objetos. O **nível sensorial**, então, enfatiza os aspectos externos do livro, como as ilustrações e a qualidade do papel (Faria, 2009). As imagens, naturalmente, são um grande atrativo e, muitas vezes, são determinantes para despertar a curiosidade da criança. Há livros em que predomina o uso de imagens em relação ao de textos, acrescentando muito mais elementos visuais à história. Em outros, o texto se destaca e as imagens servem de suporte para melhor compreensão do conteúdo. Faria (2009), afirma que ambos apresentam lógica e interpretação diferenciadas, mas podem ser articulados entre si. "A articulação equilibrada entre texto e imagem [...] provém do uso ideal das funções de cada linguagem: a escrita e a visual. [...] Mas não podemos nos esquecer de que a lógica textual leva a uma forma diferente de leitura em relação à leitura da imagem com sua lógica iconográfica" (Faria, 2009, p. 39). É possível explorar ainda mais as experiências sensoriais usando livros com alto-relevo, *pop-ups* ou texturas. As texturas proporcionam experiências sensoriais bastante relevantes e podem instigar o faz de conta, por exemplo, quando as crianças fingem que, ao tocar em uma textura peluciosa, estão fazendo carinho em um urso.

O **nível emocional** está ligado à fantasia e aos sentimentos despertados pela leitura. Há crianças que se identificam tanto com o faz de conta que são capazes de sentir medo, sofrimento e alegria no decorrer da história. Nesses casos, histórias com finais felizes causam sensação de alívio, pois a criança pode ouvir a história repetidas vezes sabendo que tudo acabará bem.

Por fim, há o **nível racional**, vinculado ao plano intelectual (Faria, 2009), que se relaciona tanto às informações contidas nos livros quanto a diferentes tipologias (textos narrativos ou descritivos, por exemplo) e gêneros textuais (contos, fábulas e poemas).

Indiscutivelmente, a literatura infantil apresenta grande valia para o início da alfabetização. Os livros de faz de conta despertam o interesse das crianças em codificar os símbolos e ganhar autonomia para ler suas histórias preferidas. As narrativas, como os contos e as fábulas, apresentam aspectos relevantes para a criação do faz de conta e estão entre os tipos de textos mais populares. Segundo Faria (2009, p. 23), "na Europa, Perrault, no fim do século XVII, e os irmãos Grimm, no início do século XIX, recolheram contos orais populares de seus respectivos países e os registraram por escrito, segundo suas concepções e estilos". São os chamados *contos tradicionais* ou *contos de fada*, que ainda chamam muito a atenção das crianças por simbolizar um mundo imaginário, que foge ao cotidiano e permite fantasiar as mais diversas aventuras. A história da Chapeuzinho Vermelho, por exemplo, atribuída originalmente a Perrault e remodelada pelos irmãos Grimm, sofreu inúmeras adaptações e releituras para se adequar às mais diversas culturas, uma vez que, originalmente, os contos tinham como público-alvo os adultos – seu intuito era o de pregar a moralidade e nem sempre apresentavam finais felizes.

Ao contar uma história para as crianças, dependendo da faixa etária, pode ser preciso adaptá-la a uma linguagem acessível para estimular a compreensão, a fantasia e o interesse por novas histórias. A curiosidade natural da criança pode ser suprimida quando ela vê na literatura uma obrigatoriedade, e não um prazer. Quando o professor determina que os alunos leiam livros escolhidos por ele, está forçando uma leitura obrigatória com objetivos avaliativos. O gosto pela leitura, ao contrário, deve ser natural e nunca imposto.

É preciso que o educador atente a esses detalhes. A leitura e a contação de histórias parecem ser processos naturais nas instituições de ensino, mas, quando deixam de ser atividades lúdicas e passam a ter um caráter imperativo, podem desmotivar os alunos. Para que isso não ocorra, algumas atividades podem estimular o gosto pela literatura e pelas boas histórias, conforme apresentamos na sequência.

Sugestões para contação de histórias

- Uma contação de histórias pode render boas discussões. Explore os elementos visuais e peça às crianças que relembrem pontos da história que despertaram seu interesse. Certamente, haverá intepretações diferentes sobre um mesmo episódio, por isso é interessante propor uma roda de conversa após a contação de histórias.
- Organize um local em que as crianças possam ter acesso aos livros e permita que escolham livremente a história que querem ouvir. Você pode questionar o que chamou a atenção deles no livro escolhido e perguntar do que se trata a história.
- Caso as crianças já estejam alfabetizadas, apresente livros com histórias diversificadas, para que tenham opções. Procure despertar a curiosidade em vez de determinar qual livro será lido. Pedir às crianças que contem a história com suas próprias palavras também estimula a oralidade, a percepção e a criatividade. As crianças podem, além disso, fazer releituras das histórias por meio de desenhos, colagens ou até mesmo reescrita com novos personagens, adicionando novos elementos ou propondo um final diferente.
- Estimule as crianças a criar suas próprias narrativas, o que pode ser feito em grupos. Por exemplo, em uma roda, uma criança começa uma narrativa e passa a vez para que outra continue, até que uma delas finalize a história. Essa é uma atividade lúdica que pode ser transformada em desenho, dramatização, minilivro ou vídeo.

O importante é pesquisar e utilizar recursos diversificados e criativos para tornar a contação de histórias uma atividade lúdica que desperte a curiosidade, como fez Sherazade, em *As mil e uma noites*.

3.4
Desenhos e escrita no faz de conta

A ludicidade, como já mencionamos, não está apenas nos jogos e nas brincadeiras, mas também em diversas atividades que trazem sensação de plenitude aos seres humanos. As expressões corporais manifestadas pelas crianças quando podem ser qualquer personagem que quiserem e o pensamento que atravessa fronteiras quando ouvem ou leem uma história também preenchem essa premência lúdica, ampliando sua compreensão do mundo. Contudo, é importante considerar que a criança também pode ser protagonista, cabendo a ela a produção da matéria-prima do seu universo lúdico. Essas manifestações imaginativas podem se transformar em desenhos ou produção escrita.

Comecemos pelos desenhos. Você já deve ter visto uma criança desenhando. O ato de rabiscar desperta muita curiosidade nos bebês, principalmente quando começam a perceber o desenho como consequência de uma ação realizada por eles mesmos. À medida que a criança desenvolve suas habilidades psicomotoras, os traços ganham novas dimensões, mas ela já tem em sua mente o que eles significam mesmo quando se trata de simples rabiscos.

Na educação infantil, é notório o quanto o ato de desenhar satisfaz as crianças. Vygotsky (2009, p. 61) considera que "desenhar é exatamente a criação típica da primeira infância, principalmente do período pré-escolar. Nessa época, as crianças desenham com vontade; às vezes, sem ser estimuladas por adultos e, às vezes, basta um pequeno estímulo para que comecem a desenhar". Assim, podemos assumir que a ação de desenhar é inerente à criança. Por isso, quando se alfabetizam, as crianças encontram na escrita outra forma de expressão, e algumas tendem a diminuir a frequência do ato de desenhar. As escolas, com seus currículos apertados, também deixam de incentivar essa prática, privilegiando a linguagem escrita e verbal. As manifestações criativas dos desenhos ficam restritas, lamentavelmente, às aulas de artes.

Vygotsky (2009) fez um estudo cuidadoso a fim de investigar em que medida o ato de desenhar contribui para o desenvolvimento infantil. Ele conta a respeito de uma pesquisa realizada com crianças que desenhavam seres esquemáticos, apenas com cabeça e pernas. O pesquisador questionou as crianças quanto à ausência do restante do corpo, ao que uma delas respondeu que cabeça e pernas são suficientes para ver e passear, como se todo o restante fosse dispensável. Com esse exemplo, podemos compreender que tudo que a criança desenha tem uma lógica para ela, e não devemos impor a lógica adulta para que os desenhos se tornem mais próximos do real. Isso seria ir contra o caráter de faz de conta, em que a imaginação e a criatividade são referências fundamentais.

Desenhos também são mensagens que os pequenos tentam expressar. Vygotsky (2009, p. 107) estabelece que "a criança desenha de memória, não de observação". No livro *Imaginação e criação na infância*, o autor ilustra esse pensamento com o exemplo de um psicólogo que pede a uma criança que faça um desenho de si mesma e da mãe. Em nenhum dos desenhos, a mãe olha para a criança, o que, para um olhar sensível, pode indicar aspectos psicológicos relevantes. Mais do que simples imaginação, os desenhos podem dar pistas sobre as manifestações psíquicas das crianças, seus desejos e medos. No entanto, a análise dos detalhes dos desenhos de cada criança pode suscitar interpretações equivocadas. O educador não precisa se preocupar com cada desenho, mas tem de estar atento para perceber quando a criança apresenta um comportamento que exige algum tratamento específico.

Há diversos caminhos para estimular as crianças a diversificar seus desenhos. O método mais usado talvez seja aquele feito com guache, em que se utilizam os dedos para rabiscar. É uma atividade bastante sensorial que facilita o desenvolvimento psicomotor para quando a criança começar a usar outros instrumentos, como o lápis de cor e o giz de cera. Estes dois últimos devem ser bastante explorados, uma vez que exigem diferentes movimentos para o desenvolvimento da coordenação motora. Nos dias mais agradáveis, as crianças podem desenhar ao ar livre, para que sejam influenciadas por diversos estímulos sensoriais, como o calor, o vento, os barulhos da natureza e os diversos elementos visuais.

Não diferente dos adultos, crianças gostam de ter suas produções valorizadas. O reconhecimento de suas produções as incentiva a continuar. Isso cria uma armadilha muito comum: o elogio exagerado de produções – com interjeições do tipo "Que maravilhoso!", "Está muito lindo!", "Você caprichou muito, parabéns!" –, que não correspondem ao potencial criativo da criança que as produziu. É claro que o educador não deve desmerecer os trabalhos das crianças, mas enaltecer um trabalho que esteja aquém de seu potencial também não é adequado pedagogicamente. O incentivo e o diálogo podem despertar o potencial criativo das crianças, por meio de comentários como: "Está muito bom, mas o que mais você poderia acrescentar para deixar ainda mais bonito?" ou "Será que conseguimos deixar mais colorido?". É importante incentivar as crianças a dar seu melhor desde pequenas, sem impor os próprios anseios, mas ajudando-as a refletir sobre o que pode ser melhorado. Ainda que o desenho seja apenas de faz de conta.

Quando começa a escrever, a criança encontra outra forma de expressão simbólica para traduzir seu pensamento. É nesse momento que a escola torna o processo de escrita menos lúdico. Em virtude da obrigatoriedade da alfabetização, muitos métodos fazem das crianças "máquinas de copiar". Em vez de estimular a criação literária por meio da escrita, algumas escolas incentivam apenas a reprodução mecânica do traçado, coibindo a característica lúdica do ato de escrever. A criança escreve não porque gosta, mas porque precisa. É uma obrigação imposta pela escola e uma exigência da sociedade, então a escrita é vista como um processo que precisa ser tratado com seriedade, e não como brincadeira. Com essa concepção, as crianças acabam aprendendo a fazer o registro dos signos gráficos, mas não a escrever plenamente.

O conhecimento da ortografia e de elementos de coesão e coerência é importante para a produção de um bom texto, mas isso é apenas um dos processos da aprendizagem. Para as crianças, o processo de transição entre oralidade e escrita é difícil porque não se trata de uma necessidade interna. Vygotsky (2009) assegura que a fala é uma reação perfeitamente natural e compreensível para a criança, mas a escrita não, por ser mais abstrata e condicional. Assim, a criança precisa compreender, aos poucos, para que serve a escrita e por que ela precisa apender a escrever. Quando o processo de alfabetização é mecânico e descontextualizado da realidade, a criança tem muito mais dificuldade em se alfabetizar.

Alguns educadores podem afirmar que, "independentemente do método, a criança vai aprender a ler e escrever uma hora ou outra. O que importa é o resultado". Essa é uma afirmação perigosa, porque não indica que a criança lerá e/ou escreverá com qualidade. Interpretar e compreender o que está escrito vai muito além de decifrar signos gráficos, e dificuldades nessa área podem comprometer indefinidamente a vida escolar futura e profissional dos alunos.

Os problemas se agravam quando temas são predeterminados para a produção textual. Não que o professor nunca deva propor um tema sobre o qual quer saber o que os alunos pensam; o problema é quando isso acontece sempre. As produções de faz de conta são bastante subestimadas no desenvolvimento da escrita, frequentemente analisadas sob o prisma da inutilidade. "Por que propor às crianças que escrevam sobre algo que não existe quando há tanto para se problematizar sobre a realidade?", questionam alguns educadores. Mas poderemos inverter a pergunta: "Por que não propor às crianças que escrevam sobre ficção, fantasia, imaginação, sonhos e sentimentos de vez em quando?". Até os adultos se entretêm com um bom filme ou livro para esquecer um pouco a realidade e os problemas. Por que não provocar as crianças com um processo criativo no qual não existam limites para a imaginação?

Admitir a liberdade como ponto de partida para a aprendizagem da escrita segundo as normas padronizadas da língua é se preocupar não somente com as regras, mas também com a criatividade. E a criança só pode escrever bem sobre aquilo que conhece bem.

> O desenvolvimento da criação literária infantil torna-se de imediato bem mais fácil e bem-sucedido quando se estimula a criança a escrever sobre um tema que para ela é internamente compreensível e familiar e, o mais importante, que a incentiva a expressar em palavras seu mundo interior. Muitas vezes a criança escreve mal porque não tem sobre o que escrever. (Vygotsky, 2009, p. 66)

De que maneira podemos integrar o faz de conta e a produção escrita? Uma forma é estimular os alunos a produzir contos de fadas, fábulas, narrativas de aventura, de mistério ou míticas contextualizadas com suas visões de mundo. É importante respeitar a liberdade de imaginação, pois nessa fase as crianças começam a sentir-se constrangidas e receosas de que seus pensamentos sejam ridicularizados. Além disso, não se deve restringir o mundo de faz de conta à educação infantil.

3.5
Papel dos adultos no faz de conta

Como já comentamos, as diversas formas de ludicidade, principalmente as brincadeiras, acontecem de forma espontânea entre as crianças. Já destacamos também a importância da liberdade e da autonomia em jogos e brincadeiras para que as crianças aprendam a resolver problemas. Agora, cabe aprofundarmos um pouco mais a abordagem sobre o papel exercido pelos adultos – sejam eles pais ou responsáveis, sejam educadores – no mundo infantil do faz de conta.

Os tempos modernos têm exigido cada vez mais o compromisso dos adultos com o trabalho. As famílias estão diminuindo drasticamente de tamanho e as crianças, cada vez mais solitárias em suas brincadeiras, contam apenas com as telas (televisão, celulares e *tablets*) como companhia, ou, quando muito, com animais de estimação. As interações virtuais estão se sobrepondo às interações "olho no olho"; os adultos dispõem de pouco tempo, negligenciando o momento do faz de conta e, em algumas situações, deixando as crianças brincarem sem supervisão, o que não é prudente. As próprias crianças cada vez mais estão comprometidas com atividades que reduzem o tempo disponível para as brincadeiras e o faz de conta. Carneiro (2012, p. 5-6) enfatiza:

> O trabalho infantil e as atividades domésticas por um lado e o excesso de atividades extracurriculares, por outro, têm se constituído em grandes impedimentos à realização do

brincar. Especialmente as atividades extracurriculares têm sido impostas às crianças dada a grande ansiedade dos pais por conta de fornecer elementos para que os filhos entrem rapidamente no mercado de trabalho. Embora participar de atividades extracurriculares seja um privilégio das crianças de classes mais altas, os pais das classes baixas têm as mesmas preocupações, mas como dependem muitas vezes da mão de obra infantil para aumentar o orçamento familiar, não têm condições de oferecer outras atividades aos filhos.

Diante desse cenário preocupante, os espaços escolares precisam ser ambientes destinados à aprendizagem, à troca de experiências, à socialização, à interatividade e à reflexão crítica, em compromisso com a ludicidade. Os educadores são as figuras adultas que criam inúmeras possibilidades de aprendizagem por meio de experiências coletivas e ações lúdicas. É preciso conduzir uma ação docente participativa no sentido de tornar as experiências do faz de conta oportunidades de autoconhecimento, elevação da autoestima, desenvolvimento da criatividade espontânea e reflexão sobre preconceitos.

O que observamos, no entanto, são adultos interferindo constantemente nas brincadeiras de faz de conta das mais diversas maneiras. O *não* apresenta-se como palavra de ordem com frequência: "não diga isso", "não faça isso", "não brigue", "não suba". Mais do que uma preocupação com segurança, essas sentenças denotam ações controladoras, como se o adulto quisesse ensinar a maneira "correta" de brincar conforme seu ponto de vista. Em falas com negativas como "fadas não fazem assim" ou "heróis não falam desse jeito", os adultos restringem a imaginação infantil, podando sua criatividade. Em situações de perigo e atenção, obviamente, a intervenção é indispensável, mas o bom senso deve sempre prevalecer, pois as críticas sem fundamento tendem a diminuir, a médio prazo, a autoestima infantil.

Qual é o papel do educador no espaço escolar no que diz respeito às oportunidades que o faz de conta apresenta? Como tornar esse momento mais dinâmico e significativo para o desenvolvimento infantil? A seguir, apresentamos algumas sugestões.

Sugestões para ações pedagógicas

1. **Cuide da segurança:** Crianças em crescimento ainda estão aprendendo a controlar os mecanismos corporais e desenvolvendo a capacidade viso-espacial. Elas caem ou se chocam com os móveis com frequência. Por isso, o ambiente deve ser seguro para que o faz de conta seja praticado com liberdade. Móveis precisam estar fixos, brinquedos devem ser adequados à faixa etária, o piso não deve estar molhado ou ser escorregadio. Quanto ao risco de uma criança machucar a outra, o adulto deve interferir, mas o diálogo é fundamental nesse processo. Se, por exemplo, uma criança quis bater em outra por ser um super-herói, questione calmamente por que ela, como herói, agiu daquela forma. Será que os heróis saem machucando outras crianças assim? Estimule a criança a refletir sobre suas ações.

2. **Apresente brinquedos ou materiais diversos com base nos quais as crianças possam criar elementos do imaginário infantil**: A diversidade de materiais e o espaço adequado são primordiais para o desenvolvimento criativo no faz de conta. Espelho, fantasias ou roupas velhas podem transformar crianças em diversos personagens; sucatas podem ser usadas na criação de diversos objetos; brinquedos podem ser elementos concretos para a transposição da realidade ao faz de conta; utensílios seguros de cozinha, como uma colher, podem virar varas de condão ou elementos para a brincadeira de casinha; caixas de papelão recortadas e com colagens de papel brilhante podem virar naves espaciais ou carros. "É importante, porém, que esses materiais estejam organizados segundo uma lógica; por exemplo, que as maquiagens estejam perto do espelho e não dentro do fogão, de maneira a facilitar as ações simbólicas das crianças" (Brasil, 1998b, p. 49). O educador pode orientar a organização, mas não deve ser o único a fazê-lo. A organização do material requer responsabilidade compartilhada entre adultos e crianças.

3. **Apresente desafios durante a brincadeira**: Crianças ficam entediadas quando não sabem como prosseguir com a brincadeira. Se você observar que há oportunidades de deixar o faz de conta mais interessante e quiser explorar o potencial de criatividade, proponha ações que desafiem as crianças a continuar. Recrie personagens, modifique partes da história, envolva as crianças em ações de mistério para despertar o espírito investigativo. Mas lembre-se: o desafio deve ser estimulador, portanto, caso alguma criança não se mostre à vontade

para continuar a brincadeira ou não aceite participar do desafio, é essencial que sua vontade seja respeitada. Determinar sobre o que as crianças vão brincar rompe a naturalidade do faz de conta. Portanto, você precisa atentar às expressões da criança que denotam insatisfação ou prazer em participar daquela brincadeira. "Cabe ao educador reconhecer a importância que existe na forma de expressão dos pequenos, valorizando cada gesto, sorriso, choro, bem como sabendo ouvir suas falas, suas perguntas, suas descobertas" (Duprat, 2014, p. 82). Essa valorização consiste no respeito à individualidade e aos desejos de cada criança durante o faz de conta.

4. **Participe com as crianças do mundo mágico infantil**: Mediar uma brincadeira de faz de conta como observador pode ser uma alternativa, mas com certeza não é a única. Crianças gostam da presença dos adultos em suas brincadeiras, mas não com um papel de autoridade, e sim participativo, porque esse mundo mágico precisa ser controlado por elas e tudo é factível: bichos de pelúcia conversam, bonecos voam, monstros assombram. Permita que a criança erre e acerte e se esforce para resolver um problema sozinha. Amiúde, a ansiedade do adulto em querer resolver tudo dificulta a aprendizagem em vez de ajudar a criança.

5. **Troque experiências com pais e responsáveis sempre que possível**: As crianças normalmente chegam à escola imaginando personagens que criaram em casa. A escola não pode simplesmente ignorar essa personificação, com frases do tipo "Escola não é lugar para amigos invisíveis" ou "Aqui você não é super-herói, aqui você é o Pedro".

> Demonstre interesse em conhecer como os alunos brincam em casa e procure, sempre que possível, ajustar a brincadeira na escola aplicando elementos que favoreçam a aprendizagem. Procure observar e registrar comportamentos, atitudes e atividades que ofereçam indicadores para o planejamento das ações pedagógicas, promovendo também experiências compartilhadas com pais e responsáveis a fim de promover o aprendizado em casa.

Essas são apenas algumas sugestões. O educador sempre deve pesquisar alternativas para tornar o faz de conta uma prática pedagógica constante. Os pais e responsáveis também podem aproveitar-se dessas ideias e transformar o faz de conta em casa em uma prática integradora.

Síntese

Neste capítulo, abordamos os aspectos lúdicos do faz de conta, quando as brincadeiras, por meio de referências simbólicas, configuram jogos de imitação e de imaginação que auxiliam na compreensão da realidade, na construção da identidade e na apropriação de novos significados. A dramatização como ingrediente criativo do faz de conta permite às crianças a expressão plena de suas emoções, seus desejos e seus pensamentos. O protagonismo infantil pode ser estimulado não só na representação do personagem, mas também na coprodução dos cenários e figurinos. A literatura infantil permanece como subsídio valoroso na escola no apoio à ludicidade, seja por meio da contação de histórias, seja mediante a leitura livre ou as experiências sensoriais. Os desenhos, por sua vez, caracterizam-se como os primeiros registros lúdicos infantis, contribuindo para o desenvolvimento de habilidades psicomotoras e possibilitando a reconstrução de sentidos. Já a escrita só tem significados quando a criança consegue escrever sobre aquilo que sente, conhece ou que, de alguma forma, está contextualizado com suas experiências de mundo. Aos adultos cabem a sensibilidade e o bom senso para que suas opiniões e pontos de vista não interfiram diretamente na elaboração do universo de fantasia infantil.

Indicações culturais

Livros

BROCK, A. et al. **Brincar**: aprendizagem para a vida. Porto Alegre: Penso, 2011.
O foco dessa obra é o resgate das brincadeiras, tendo como participantes crianças de até 5 anos. Você encontra nesse livro ideias de tarefas práticas (ideias em ação), perguntas para educadores, estudos de caso e depoimentos de alunos, além de ótimas referências sobre aspectos do faz de conta com perspectivas de melhores práticas.

FARIA, M. A. **Como usar a literatura infantil na sala de aula**. São Paulo: Contexto, 2009. (Coleção Como Usar na Sala de Aula).
Nesse livro, Maria Alice Faria promove um estudo da articulação entre a escrita e a imagem, explorando a estrutura das narrativas. Também oferece subsídios para o trabalho do professor em sala de aula.

Atividades de autoavaliação

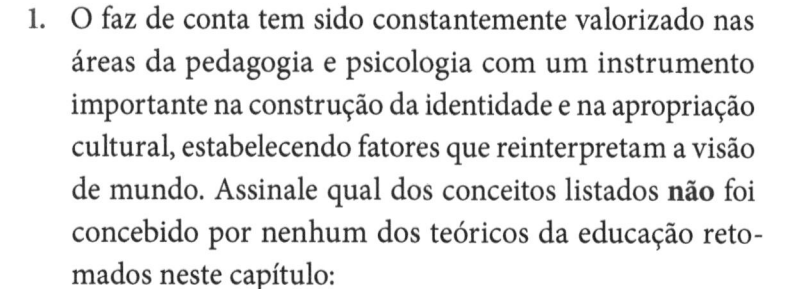

1. O faz de conta tem sido constantemente valorizado nas áreas da pedagogia e psicologia com um instrumento importante na construção da identidade e na apropriação cultural, estabelecendo fatores que reinterpretam a visão de mundo. Assinale qual dos conceitos listados **não** foi concebido por nenhum dos teóricos da educação retomados neste capítulo:
   a) Os brinquedos utilizados no faz de conta podem ser considerados objetos transicionais para que a criança compreenda melhor o espaço a sua volta.
   b) O faz de conta pressupõe atividades regradas que se estabelecem conforme as experiências socioculturais que a criança apresenta.
   c) Os jogos simbólicos se manifestam na adolescência, quando a criança já dominou por si só a arte dos jogos e das brincadeiras.
   d) Por meio da imitação nas brincadeiras de faz de conta, as crianças podem vivenciar situações que serão de grande valia na fase adulta.

2. A dramatização é uma atividade lúdica bastante praticada pelas crianças e pode ser aperfeiçoada pelos educadores para que as manifestações criativas sejam intensificadas. O educador pode contribuir para essa atividade,
   I) propondo às crianças uma peça de teatro com tema sugerido por elas ou um tema curricular, permitindo que elas participem da escolha dos figurinos e cenários, confeccionem máscaras com sua ajuda e participem da elaboração do texto da peça.

II) oferecendo um espaço seguro, com materiais criativos, para que as crianças possam expressar seu faz de conta livremente.

III) indicando leituras que possam inspirar as crianças nas brincadeiras de faz de conta, sugerindo personagens e cenários.

IV) determinando como cada criança deve brincar e definindo cenários e figurinos, para evitar conflitos.

Completam corretamente a frase apenas as afirmativas:

a) I e IV.
b) III e IV.
c) II e III.
d) I, II, III.

3. Leia atentamente a seguinte afirmação: "na Europa, Perrault, no fim do século XVII, e os irmãos Grimm, no início do século XIX, recolheram contos orais populares de seus respectivos países e os registraram por escrito, segundo suas concepções e estilos" (Faria, 2009, p. 23). Qual das alternativas **não** se aplica aos contos de Perrault e Grimm:

a) Os contos de fadas atuais são releituras dos contos originais de Perrault e dos irmãos Grimm.
b) Atualmente existem diversas versões para o conto da Chapeuzinho Vermelho.
c) Os contos de fadas não devem ser adaptados culturalmente para não romper com a história original.
d) Os contos originais pretendiam, na maior parte das vezes, pregar a moralidade.

4. Associe as colunas de acordo com as atividades que podem ser desempenhadas em cada contexto:
   A) Dramatização
   B) Literatura
   C) Desenho
   D) Escrita

   ( ) Descrever, em uma folha de papel, o cenário de uma floresta mágica.
   ( ) Contar uma história de faz de conta com base em uma fábula ilustrada.
   ( ) Brincar de polícia e ladrão.
   ( ) Ilustrar uma história curta contada pelo educador.

   a) D, A, B, C.
   b) A, C, B, D.
   c) D, B, C, A.
   d) D, B, A, C.

5. Analise as sentenças a seguir e assinale V para as verdadeiras e F para as falsas:
   ( ) O número de filhos nas famílias brasileiras tem diminuído em relação às décadas passadas, o que indica que os pais têm cada vez mais tempo para brincar com seus filhos.
   ( ) Os adultos devem interferir continuamente nas brincadeiras de faz de conta, pois as crianças precisam aprender a brincar de forma correta.
   ( ) Os adultos devem apresentar materiais seguros e diversificados para que as crianças criem seus próprios objetos de faz de conta.

( ) Os adultos podem participar do faz de conta com as crianças, desde que não tomem decisões que determinem como a brincadeira deverá ser conduzida.

a) F, F, V, V.
b) F, V, V, F.
c) V, F, F, V.
d) V, V, F, F.

Atividades de aprendizagem

Questões para reflexão

1. Escolha um conto de fadas do qual goste muito e descreva quais elementos chamaram sua atenção na infância. Tente reescrever o conto de fadas transpondo-o para um cenário atual, produzindo uma releitura da obra escolhida.

2. Como você conduziria um diálogo com pais que não valorizam o faz de conta nos contextos pedagógicos e que exigem mais atividades de alfabetização e raciocínio lógico? Relacione seus argumentos.

Atividade aplicada: prática

1. Faz de conta que você é um professor que gostaria de trabalhar o tema *folclore* com seus alunos e recebeu os seguintes objetos: conchas, um gorro vermelho, caixa de papelão, fitas coloridas de tecido, penas sintéticas de aves, lençol e sucata diversas. Descreva como conduziria a aula traçando um planejamento estruturado com esses materiais. Defina a faixa etária de seus alunos, o tempo destinado à atividade e o local onde ela se realizará. Procure dar asas à sua imaginação!

4
A escola como espaço para brincar e aprender

> Há uma relação entre a alegria necessária
> à atividade educativa e a esperança.
>
> *Paulo Freire*

Neste capítulo, analisaremos a ludicidade em um contexto muito mais pedagógico que nos capítulos anteriores. Promover o despertar da consciência lúdica no trabalho do educador é um desafio a ser superado para a promoção da aprendizagem significativa. O diagnóstico de habilidades e conhecimentos prévios não precisa ser feito necessariamente por meio de avaliações formais. É possível também avaliar observando-se a participação das crianças em atividades lúdicas. Jogos e brincadeiras podem ser excelentes estratégias para trabalhar conceitos matemáticos mais abstratos, mediante a manipulação de objetos lúdicos. A alfabetização e o letramento podem ganhar contornos lúdicos, tornando a aprendizagem mais significativa e prazerosa e desenvolvendo a linguagem de forma criativa. O mesmo vale para áreas mais específicas, como ciências, história e geografia, cujos conteúdos podem ganhar maior significação com o uso de jogos e desafios. O trabalho com a psicomotricidade, fundamental nos espaços escolares, associa-se à ludicidade para o desenvolvimento físico, cognitivo e emocional, e não apenas como uma atividade mecânica e sem sentido.

4.1
Implicações da ludicidade no trabalho do professor

Já mencionamos em outros capítulos o quanto a escola pode proporcionar um ambiente lúdico para a aprendizagem significativa, mas muitas vezes não é nesse cenário que a aprendizagem ocorre. O pano de fundo que se descortina em muitas realidades educacionais brasileiras é a intercorrência de uma aprendizagem mecânica, baseada na memorização e em metodologias que não se contextualizam com atividades práticas do dia a dia e que não refletem a realidade da infância.

A aprendizagem só é significativa, segundo Ausubel (2003), quando se processa a interação entre conhecimentos prévios e conhecimentos novos – interação que é não arbitrária (interação lógica, e não forçada com a estrutura presente) e substantiva (o indivíduo consegue explicar o que aprendeu com suas próprias palavras). A teoria da aprendizagem significativa de Ausubel propõe um novo modelo muito menos engessado, mais dinâmico, relacionado às práticas cotidianas e com foco na resolução de problemas. Nesse contexto, os aspectos lúdicos ganham um significado especial.

Um educador comprometido com a aprendizagem dos alunos não deve focar, em seu trabalho, somente a memorização; ele precisa vivenciar uma práxis que tenha significado para o aluno. As brincadeiras e os jogos comumente fazem parte da rotina dos alunos e, aliados aos demais aspectos lúdicos, como a literatura, os desenhos, a música, a dramatização e a arte como um todo, promovem resultados mais produtivos para a aprendizagem. A atividade lúdica em si, no entanto, nem sempre gera aprendizagem. Ela precisa da **mediação** do educador, planejada e intencional.

No capítulo anterior, demonstramos que o estímulo e o incentivo do adulto nas brincadeiras infantis de faz de conta podem gerar oportunidades de aprendizagem, incluindo o respeito à diversidade e a formação da identidade. Assim, o perfil de educador desejável para as atribuições pedagógicas da educação infantil e dos anos iniciais do ensino fundamental vai muito além do "tio" ou da "tia" com funções de cuidadores da higiene e do bem-estar.

Esse profissional precisa conhecer as propostas da legislação brasileira, como a Lei de Diretrizes e Bases da

Educação (LDB), os Parâmetros Curriculares Nacionais (PCN), o Referencial Curricular Nacional para a Educação Infantil (RCNEI) e o Estatuto da Criança e do Adolescente (ECA), bem como estratégias didáticas e metodológicas de ensino.

Em todos os documentos citados, há implicações diretas e indiretas sobre a importância da abordagem lúdica nos espaços escolares para o desenvolvimento das habilidades cognitivas, emocionais, motoras e sociais. Inusitadamente, porém, os aspectos lúdicos foram suprimidos das Diretrizes Curriculares Nacionais para o Ensino Fundamental, mas se destacam na resolução que institui as Diretrizes Curriculares Nacionais para a Educação Infantil – Resolução n. 1, de 7 de abril de 1999 –, em seu art. 3°, inciso I, alínea c: "Princípios Estéticos da Sensibilidade, da Criatividade, da Ludicidade e da Diversidade de Manifestações Artísticas e Culturais" (Brasil, 1999). Consideramos que é preciso refletir sobre a manutenção e a continuidade dos aspectos lúdicos no ensino fundamental, não restringindo-o à educação infantil.

Infelizmente, o cenário que se apresenta é o de professores com formação precária e que são mal remunerados. Nesse contexto, essas questões legislativas, didáticas e metodológicas não são nem essencialmente debatidas. Não se trata apenas da formação acadêmica, mas também da formação continuada, necessária para a reflexão, o aprimoramento de condutas e para repensar a educação diante das novas demandas que surgem a cada dia. Segundo Libâneo e Pimenta (1999, p. 259), "o aprimoramento do processo de formação de professores requer muita ousadia e criatividade para que se construam novos e mais promissores modelos educacionais necessários à urgente e fundamental tarefa de melhoria da qualidade do ensino no país". O RCNEI reforça que

> a implementação e/ou implantação de uma proposta curricular de qualidade depende, principalmente dos professores que trabalham nas instituições. Por meio de suas ações, que devem ser planejadas e compartilhadas com seus pares e outros profissionais da instituição, pode-se construir projetos educativos de qualidade junto aos familiares e às crianças. (Brasil, 1998a, p. 41)

Observe a importância que se dá ao papel do educador como formador de uma geração e sua responsabilidade na conjuntura social.

O professor atento a essas demandas reconhece que a ludicidade não é apenas passatempo para divertir as crianças. Ele encara a questão com seriedade; planeja e desenvolve atividades lúdicas com objetivos claros; registra e avalia as situações de aprendizagem; percebe as necessidades dos alunos e organiza os espaços pedagógicos com materiais e brinquedos potencialmente significativos. Esse é o perfil de um professor que conhece muito bem seu ofício e que, eventualmente, argumenta contrariamente a uma dicotomia entre **jogos e brincadeiras** e **conteúdos curriculares** no ensino fundamental – segundo a qual a brincadeira estaria atribuída exclusivamente a uma fase pré-escolar, fadada, na fase escolar, aos restritos períodos de recreio. Portanto, é indispensável repensar as práticas pedagógicas, para não correr o risco de cair no puro mecanicismo, e resgatar as brincadeiras como princípios norteadores da aprendizagem, ou seja, valorizar a formação lúdica do professor.

A formação lúdica do professor é um passo importante para que as atividades lúdicas sejam levadas mais a sério nas escolas e passem a ser mais utilizadas. Através delas o aluno interage com diversos meios, como conteúdos do seu próprio cotidiano, as diferentes linguagens que podem ser expressadas, as interações com o meio e as regras de cada jogo tornando seu aprendizado mais plural, alegre e dinâmico. (Duprat, 2014, p. 7)

Nesse sentido, é importante que o educador reflita sobre como a ludicidade pode contribuir para o desenvolvimento do potencial criativo dos alunos, apresentando desafios de valor sociocultural em uma perspectiva mais dinâmica. Rau (2012) enfatiza a relevância dos aspectos lúdicos para a formação docente como recursos que definem as ações pedagógicas.

Agora, com base no que aqui foi exposto, reflita: Como você acha que as atividades lúdicas podem favorecer a aprendizagem? Em que momento elas podem contribuir para o desenvolvimento infantil, não sendo meramente um passatempo ou uma atividade apenas com fins de entretenimento?

4.2
O lúdico no diagnóstico e no desenvolvimento da aprendizagem

Ao refletir sobre as questões abordadas até aqui, devemos pensar também em como a ludicidade pode auxiliar no diagnóstico de conhecimentos prévios. Normalmente, quando nos referimos à palavra *diagnóstico*, pensamos em avaliações escritas ou observáveis para verificar se determinada aprendizagem aconteceu ou se existem conhecimentos prévios. Mas é importante saber que as atividades lúdicas também podem oferecer importantes informações para conhecer melhor as crianças e definir ações e estratégias pedagógicas que potencializem a aprendizagem.

O objetivo de qualquer atividade com fins pedagógicos é a aprendizagem de conteúdos, mas não podemos nos esquecer da formação integral do sujeito. Como vimos anteriormente com Wallon, sobre a formação da pessoa completa integrando outros três campos funcionais do indivíduo (cognitivo, afetivo e motor), as atividades lúdicas, incluindo as brincadeiras, são ingredientes essenciais para a formação de um indivíduo completo e saudável, uma vez que desenvolvem as habilidades necessárias (intelectuais, afetivas e motoras), além de estimular a criatividade e a atenção.

Quando falamos sobre o brincar na escola favorecendo o diagnóstico e o desenvolvimento da aprendizagem, devemos priorizar o brincar livre, espontâneo, com interferências pontuais, ou o brincar direcionado, com regras e objetivos definidos? Cória-Sabini e Lucena (2015, p. 45) esclarecem que:

> Em situação escolar, o professor deve ter presente que, nas brincadeiras, as crianças criam e estabilizam aquilo que conhecem sobre o mundo. Porém, essas situações não podem ser confundidas com aquelas em que o brincar ou os jogos estão ligados intencionalmente a atividades de aprendizagem de conceitos, pois aí é o professor que direciona as ações no sentido de ensinar os conteúdos exigidos pela escola.

Perceba que temos duas situações diversas. É preciso entender que, embora distintas, elas não estão totalmente desligadas uma da outra. Ambas têm seu contexto e sua razão de ser, e o educador precisa ter bem claro qual será o momento de usar cada estratégia, pois o brincar livre não contempla muitos direcionamentos. Há os que acreditam que a brincadeira livre e espontânea não tem nenhum valor pedagógico e só serve para o momento de "descanso" do professor. Se, durante a brincadeira livre, os professores se distraem com um livro ou com o celular, perdem ótimas oportunidades de conhecer melhor seus alunos, entender como eles pensam, se comportam e como constroem suas visões de mundo.

Por meio da observação, o professor pode perceber carências emocionais, manifestações agressivas, limitações motoras, preconceitos e até dificuldades na resolução de problemas ou na socialização. Fazer registros durante a brincadeira também é importante para que o professor tenha um apanhado de informações e possa pensar em estratégias para suprir essas deficiências. Rau (2012, p. 104), enfatiza que, "quando se conhecem os valores, as ideias, os interesses, as necessidades e os conflitos das crianças em situações de brincadeira espontânea, é possível construir esse quadro de informações".

Os temas das brincadeiras livres também podem ser, posteriormente, aproveitados em desenhos, pinturas, modelagens, pesquisas de imagens e até mesmo pequenos textos se a criança estiver em fase de alfabetização, integrando e enriquecendo os portfólios dos alunos. Os portfólios são ferramentas valiosas para que a criança reflita e analise suas brincadeiras e servem como resgate da evolução da aprendizagem dos alunos.

Muitos professores justificam a ausência do brincar mencionando a cobrança e a falta de reconhecimento da importância das brincadeiras espontâneas por parte da família. Nas escolas particulares, pais querem registros, argumentando que o investimento aplicado deve retornar em forma de aprendizagem concreta; também nas escolas públicas, existe uma pressão excessiva para a aprendizagem da leitura correta, da escrita e do raciocínio lógico. Rischbieter (2000, p. 287) utiliza um exemplo muito contundente relatando uma situação em que os pais se mostraram bastante incomodados:

> No começo de 1993, pais de crianças de uma creche de São José dos Pinhais (PR) reclamaram muito porque até as crianças do "Jardim" estavam "só brincando", enquanto crianças de outros locais já estavam "até escrevendo letras". As reclamações continuaram, mas esta história teve um final feliz quando, pouco tempo depois, os pais compareceram à creche para o lançamento de um "livro", um conto de fadas criado, ilustrado e escrito pelas crianças. Cópias do livro foram compradas pelos pais, autografadas pelas crianças, e não ouvimos mais reclamações sobre o fato das crianças "brincarem demais". As experiências e pesquisas feitas no contexto do projeto Araucária nos deram convicção de que uma proposta "divertida" pode conseguir resultados educativos excelentes, melhores que os das escolas e pré-escolas "tradicionais", que impõem o silêncio e programas pré-fabricados.

O intuito aqui não é polemizar, mas buscar compreender que o equilíbrio dessas atividades é essencial. Dimensionar a importância do livre brincar e as consequências da ludicidade para o desenvolvimento infantil pode ajudar os familiares a entender melhor a proposta da escola e ainda incentivar a prática em seus lares. O registro por meio dos portfólios, após as brincadeiras, também demonstra que há uma preocupação educacional com todas as atividades que a criança realiza, mesmo que ocorram naturalmente.

O brincar dirigido implica diversas estratégias, dependendo dos objetivos esperados. Demanda planejamento conforme o contexto ou o projeto pedagógico e pode ser um meio direto ou indireto para fazer avaliações. Como mencionamos no Capítulo 3, o professor pode propor desafios e questionamentos para tornar a brincadeira mais dinâmica ou até mesmo participar ativamente dela.

Vygotsky (2008) enfatizava a intervenção dos educadores na zona de desenvolvimento proximal dos alunos como mediadores e facilitadores do processo de ensino e aprendizagem. Com as atividades lúdicas não é diferente, mas sua ação precisa ser refletida para que o direcionamento não se torne uma imposição ou, em outras palavras, para que as crianças não façam o que o professor espera que seja feito. Cória-Sabini e Lucena (2015, p. 43) corroboram essa visão ao explicitar que:

> o professor não pode ter certeza de que a construção do conhecimento efetuada pela criança será exatamente a mesma desejada por ele. Nesse caso, ele deve assumir a função de orientador, intervindo para conduzir o pensamento dos alunos no rumo desejado. Além disso, deve comentar os erros para mostrar quais as informações que não foram consideradas para a resolução do problema proposto.

Tanto nas atividades lúdicas livres quanto nas direcionadas, o professor precisa ter um papel participante e ativo, propondo espaços adequados, materiais diversificados (brinquedos de madeira, de plástico, de tecido ou de sucatas), condizentes com a idade dos alunos, e tempo para que as crianças desenvolvam a brincadeira. É importante permitir momentos de liberdade para investigação, exploração e socialização. É preciso que o brincar livre e o dirigido sejam opções frequentes para os alunos, de forma equiparada, porque ambos têm sua parcela de contribuição para o desenvolvimento infantil. De acordo com Moyles (2002, p. 33):

> precisamos reservar tempo para explorar as atividades explicitadas pelo brincar, assim como o tempo para conversar sobre ele, ampliando a aprendizagem por meio do brincar dirigido. A oportunidade para avaliar as respostas, compreensões e incompreensões da criança se apresenta nos momentos mais relaxados do brincar livre.

Mesmo no brincar livre, as crianças podem solicitar que o professor participe, responda a perguntas ou interfira em caso de conflitos e desacordos. Por isso, ele precisa estar atento para não fazer julgamentos, preterindo um ou outro aluno. Mais importante é a atenção dedicada às brincadeiras, que podem fornecer pistas importantes na condução das estratégias pedagógicas que promovem a aprendizagem, incluindo as mais diversas áreas do conhecimento, como matemática, linguagem, ciências, história, geografia, artes e educação física, por exemplo. Na sequência, ilustraremos como aplicar a ludicidade em um contexto pedagógico da área da matemática.

4.3
O prazer de aprender matemática

A matemática está presente nas atividades diárias e sua importância na realização de tarefas no dia a dia é reconhecida. Mesmo assim, é muito comum ouvir pessoas dizendo que não gostam ou que nunca aprenderam matemática de maneira satisfatória. Essas pessoas não encontram nela um significado, têm dificuldade de resolver problemas simples e não conseguem compreender conceitos importantes que ajudam a organizar a vida.

Como uma ciência exata, a matemática está associada ao desenvolvimento do raciocínio lógico-abstrato, e a abstração de conceitos não é uma característica inata, ela precisa ser desenvolvida. A construção do conhecimento matemático não pode ser simplesmente baseada na memorização, precisa fazer sentido e transmitir significados relevantes que garantam a assimilação do conteúdo. Para que isso ocorra, é necessário repensar metodologias alicerçadas na memorização de fórmulas e conceitos sem nenhuma contextualização, passando-se a contemplar diferentes maneiras de se chegar ao mesmo resultado. De tal modo, o processo de aquisição do conhecimento matemático pode estar pautado por tentativas, com erros e acertos. Vivenciar conceitos para entender sua lógica é fundamental para a tomada de decisões conscientes – e a ludicidade é uma ferramenta poderosa para tornar a aprendizagem matemática muito mais significativa.

Mesmo as brincadeiras mais simples envolvem diversos conceitos matemáticos. De acordo com o RCNEI (Brasil, 1998c, p. 207), as crianças,

> utilizando recursos próprios e pouco convencionais, [...] recorrem a contagem e operações para resolver problemas cotidianos, como conferir figurinhas, marcar e controlar os pontos de um jogo, repartir as balas entre os amigos, mostrar com os dedos a idade, manipular o dinheiro e operar com ele etc. Também observam e atuam no espaço ao seu redor e, aos poucos, vão organizando seus deslocamentos, descobrindo caminhos, estabelecendo sistemas de referência, identificando posições e comparando distâncias.

Quando tratamos da educação infantil, encontramos vários indicadores lúdicos que norteiam a aprendizagem matemática porque as brincadeiras são amplamente reconhecidas como ações inerentes a essa etapa. Por isso, a intencionalidade pedagógica de oferecer espaços e materiais manipuláveis orientados é de extrema importância para o desenvolvimento do raciocínio lógico. O fato de serem orientados não significa que a criança não possa brincar livremente com os materiais; quer dizer que a manipulação por si só não é suficiente para que a aprendizagem ocorra. A mediação do educador no despertar da curiosidade, do questionamento e da condução dos alunos na elaboração dos próprios conceitos é fundamental. E essa mediação pode ser feita pelo diálogo.

Conforme esclarecemos no Capítulo 2, um dos estágios que corresponde à educação infantil é o estágio pré-operatório, caracterizado pelo pensamento intuitivo e pré-lógico. Portanto, a manipulação de objetos é fundamental para desenvolver na criança o raciocínio lógico, característica do estágio operatório.

> O que você entende por *materiais manipuláveis*? Podemos afirmar que qualquer material é manipulável?

Na verdade, quando se trata de crianças pequenas, precisamos ter em mente que a segurança é fundamental. Nem todo material desenvolvido para crianças pode ser considerado apropriado. Brinquedos com pontas, ásperos ou fáceis de quebrar podem ser perigosos e devem ser evitados. Se forem fundamentais para o desenvolvimento de um trabalho pedagógico, devem ser utilizados sempre sob atenta supervisão. Existem materiais bastante úteis para a construção de conceitos matemáticos que são vendidos no comércio com selo de segurança, mas é importante que as crianças também sejam capazes de construir o próprio material manipulável com sucatas e sob a orientação do professor. Entre os materiais que as instituições de ensino geralmente adquirem para o desenvolvimento de conceitos matemáticos estão os blocos lógicos e o material dourado.

Os **blocos lógicos** foram desenvolvidos pelo matemático húngaro Zoltán Pál Dienes (1916-2014) na década de 1950, com o intuito de trabalhar diferentes formas, tamanhos, espessuras e cores. O professor pode utilizar os blocos lógicos para trabalhar diversos conceitos matemáticos, como classificação e agrupamento, e ainda criar jogos ou formar diversos tipos de figuras com as crianças, como aviões, trens, palhaços, casinhas, entre outras formas.

O **material dourado**, criado por Maria Montessori, "baseia-se nas regras do sistema de numeração, inclusive para o trabalho com múltiplos. Confeccionado em madeira, é composto por cubos, placas, barras e cubinhos. O cubo é formado por dez placas, a placa por dez barras e a barra por dez cubinhos" (Silveira, 1997/1998, p. 48). Esse material possibilita o trabalho lúdico dos quatro algoritmos (adição, subtração, multiplicação e divisão) por meio de jogos, experimentos e simulações de contagem. Pode ser utilizado com muita eficácia também no ensino fundamental, mas verifica-se uma perda frequente de interações lúdicas nessa fase, restringindo as atividades a operações no caderno e nos livros, no estilo "arme e efetue".

Jean Piaget formulou sua teoria, como expusemos no Capítulo 2, com base em estágios, sendo o operatório-concreto coincidente com os anos iniciais do ensino fundamental. Para Piaget, nesse estágio, que se estende dos 7 aos 11 anos aproximadamente, a criança ainda precisa realizar experimentos para compreender conceitos. Então, conceitos como adição, subtração, classificação e seriação só são compreendidos quando observados, manipulados e experimentados.

Os Parâmetros Curriculares Nacionais (PCN) de matemática propõem os jogos como importante ferramenta para a aprendizagem de conceitos matemáticos, pois estão presentes no dia a dia das crianças:

> As coisas que as crianças observam (a mãe fazendo compras, a numeração das casas, os horários das atividades da família), os cálculos que elas próprias fazem (soma de pontos de um jogo, controle de quantidade de figurinhas que possuem) e as referências que conseguem estabelecer (estar distante de, estar próximo de) serão transformadas em objeto de reflexão e se integrarão às suas primeiras atividades matemáticas escolares. (Brasil, 1997c, p. 45)

As experiências que os alunos vivenciam no cotidiano podem, portanto, ser incorporadas nas atividades lúdicas, com as quais o professor pode aprimorar a linguagem matemática criando novos significados culturais para a resolução de problemas (Cória-Sabini; Lucena, 2015). Muitas vezes, o que a criança vivencia no cotidiano está relacionado culturalmente ao senso comum, que nem sempre é transformado em saber científico. Sendo assim, o professor deve promover em seu planejamento o diálogo e a reflexão crítica, que serão bases para a construção do conhecimento científico. Nos itens a seguir, apresentaremos algumas sugestões de atividades lúdicas que auxiliam na construção de conceitos matemáticos científicos.

Há uma divisão didática nos PCN de matemática que estabelece o agrupamento dos conteúdos em quatro eixos norteadores, facilitando a compreensão dos conceitos. A seguir, analisamos algumas estratégias lúdicas com base em cada um desses eixos.

Números e operações

Esse eixo trata da apresentação das propriedades numéricas e das funções algébricas básicas. Já na educação infantil, por meio dos princípios da contagem e da sequência numérica, é importante o uso de materiais manipuláveis para expressar o conceito de quantidade. O RCNEI indica algumas ações úteis para a construção dos conhecimentos matemáticos, "fundamentalmente no convívio social e no contato das crianças com histórias, contos, músicas, jogos, brincadeiras etc." (Brasil, 1998c, p. 213).

Muitas vezes se atribui à contagem numérica um significado especial durante uma brincadeira, como no "esconde-esconde", em que se determina um tempo para que todos possam se esconder. As cantigas, como "a galinha do vizinho bota ovo amarelinho, bota um, bota dois, bota três...", também podem fazer parte do trabalho com a contagem, e assim por diante. O RCNEI (Brasil, 1998c, p. 222-223) também propõe a contação de histórias como recurso para trabalhar a função numérica:

> Quando o professor lê histórias para as crianças, pode incluir a leitura do índice e da numeração das páginas, organizando a situação de tal maneira que todos possam participar. [...] Histórias em capítulos, coletâneas e enciclopédias são especialmente propícias para o trabalho com índice. Ao confeccionar um livro junto com as crianças é importante pesquisar, naqueles conhecidos, como se organiza o índice e a numeração das páginas.

Pode-se confeccionar um jogo de boliche com sucata, copos ou garrafas numeradas. O aluno joga a bola e soma a quantidade de pontos de acordo com a numeração das garrafas que caíram. O professor também pode propor desafios com as quatro operações durante o jogo.

Diversas estratégias podem ser formadas também por meio do uso de bolas de gude, baralho ou dados. Constance Kamii, discípula de Piaget, ficou convencida em suas pesquisas de que, por meio da utilização desses recursos, "o pensamento numérico pode desenvolver-se naturalmente, sem nenhum tipo de lições artificiais" (Kamii, 1990, p. 48).

Espaço e forma

Esse eixo consiste no estudo das diversas formas geométricas e suas relações com diversos objetos físicos, como na arte e na engenharia. Os blocos de construção e os blocos lógicos permitem classificar e diferenciar formas, proporções e noções espaciais. Já quebra-cabeças desenvolvem a orientação espacial e a lateralidade. O RCNEI indica que:

> As brincadeiras de construir torres, pistas para carrinhos e cidades, com blocos de madeira ou encaixe, possibilitam representar o espaço numa outra dimensão. O faz de conta das crianças pode ser enriquecido, organizando-se espaços próprios com objetos e brinquedos que contenham números, como telefone, máquina de calcular, relógio etc. (Brasil, 1998c, p. 218)

Brincadeiras de desenhar, recortar, montar figuras tridimensionais e produzir maquetes também podem ajudar na construção de conceitos.

Grandezas e medidas

O eixo grandezas e medidas relaciona-se com a resolução de problemas práticos e utilitários do dia a dia. Por isso, as possibilidades de explorar conceitos práticos com atividades lúdicas são praticamente infinitas.

Fazer desenhos que representam o dia e a noite; trabalhar com calendários divertidos; brincar com água, areia e recipientes para aprender medidas de capacidade; fazer de conta que é alfaiate e que precisa tirar a medida dos clientes com uma fita métrica; participar da roda do gato e rato, na qual a criança que faz o papel do relógio precisa informar a que horas o rato volta; criar a planta baixa de uma casa de bonecas fictícia e calcular o perímetro dela são alguns exemplos de atividades. O mercadinho é uma brincadeira bastante praticada nas escolas para trabalhar o sistema monetário: por meio das brincadeiras, os alunos podem simular comparação de preços, uso de cédulas ou moedas de brinquedo e perceber a função do troco, assim como realizar operações aritméticas.

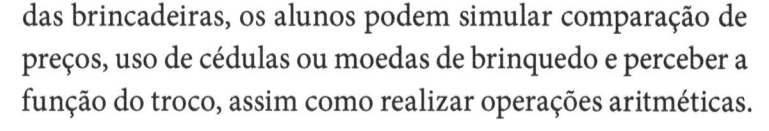

Tratamento da informação

Esse eixo envolve conceitos estatísticos e de probabilidade por meio da análise de dados. As crianças podem fazer pesquisas relacionadas a seu cotidiano e registrar em uma tabela o resultado com figuras criadas por elas mesmas. O professor pode utilizar as brincadeiras para ensinar a calcular a probabilidade de determinado evento acontecer, por exemplo.

O importante é que o educador não faça as atividades pela criança, na expectativa de obter resultados mais precisos. O erro faz parte da aprendizagem e é necessário para que ela ocorra. Apesar da ansiedade de querer que as crianças acertem sempre, é preciso ponderar as atitudes para que elas experienciem as possibilidades que a ludicidade oferece.

4.4
Alfabetização e outras áreas do conhecimento em uma perspectiva lúdica

Na seção anterior, explicitamos as inúmeras possibilidades de uso de materiais lúdicos para o desenvolvimento de conceitos matemáticos. Agora, abordaremos como os aspectos lúdicos se encaixam nas propostas de trabalho com alfabetização e linguagem, ciências, história e geografia.

O processo de aquisição da linguagem oral e escrita, como meio de apropriação cultural, difere de indivíduo para indivíduo. Como adultos, podemos manifestar às vezes certa ansiedade em antecipar etapas, pressionando a criança a falar e escrever de forma correta sem respeitar seu tempo de maturação. Sabendo que cada criança tem seu tempo, estimulá-la sem cobranças tornará o processo de aprendizagem muito mais natural e efetivo. E a ludicidade novamente pode ser utilizada como instrumento para esse desenvolvimento.

Como podemos desenvolver a oralidade por meio da ludicidade?

Primeiro, é importante saber que a aquisição da linguagem oral não acontece apenas por meio da reprodução da fala dos adultos. No caderno *Linguagem oral e linguagem escrita na educação infantil: práticas e interações*, o Pacto Nacional pela Alfabetização na Idade Certa reconhece que:

> Aprender a falar não é algo simples, ao contrário, é aprender a organizar e relacionar sistemas, sentidos e valores complexamente. Salvo raras exceções, todas as crianças aprendem a falar, muitas vezes em circunstâncias adversas, de naturezas variadas. Utilizar a língua de modo adequado em diferentes situações sociais envolve muito mais do que saber falar sobre a estrutura do sistema linguístico. (Brasil, 2016, p. 46)

É no diálogo aberto e nas brincadeiras que o desenvolvimento da linguagem oral acontece. Quando conversamos olhando para a criança, estabelecemos vínculos de confiança. Quando a observamos em suas brincadeiras de faz de conta, percebemos entonação diferente quando faz imitação dos adultos.

As atividades musicais também têm grande valor no desenvolvimento da oralidade. As cantigas que cantamos para os pequenos desde bebês estimulam a audição e ajudam a desenvolver a oralidade. À medida que crescem, as crianças passam a desenvolver a discriminação auditiva, a pronúncia e a criatividade por meio das rimas contidas nas cantigas. Assim, é possível diversificar as atividades lúdicas com poemas para explorar rimas, provérbios, parlendas, trava-línguas, charadas e anedotas.

Quando as crianças iniciam o processo de alfabetização e começam a desvendar os mistérios da escrita, a leitura abre novas possibilidades de interação com o mundo. A autonomia na leitura permite à criança explorar dimensões sociais, no que antes dependia de um adulto. No entanto, nem sempre a prática da leitura é prazerosa, pois exige um esforço de compreensão, e às vezes aquilo que a criança lê não é significativo para ela. Há casos em que a criança apenas decifra os elementos gráficos em um texto, mas não consegue compreender seu significado. Nesse caso, a tendência é que a leitura se torne uma atividade enfadonha no futuro. Portanto, é imprescindível que ela possa escolher os livros que quer ler. A escola precisa ter uma variedade de livros infantis para que a criança se interesse e amplie seus conhecimentos sobre os mais diversos assuntos. Por muito tempo, a leitura de gibis foi recriminada, considerada mero passatempo e distração. Atualmente, a história em quadrinhos é considerada um gênero textual bastante lúdico e é explorada nas escolas, ao lado de outros gêneros textuais, como contos, notícias, receitas, manuais de brinquedos, rótulos de produtos.

As mesmas estratégias lúdicas devem ser propostas para a aquisição da escrita. Cada vez mais as novas tecnologias demandam a digitação em lugar da escrita cursiva. Contudo, o ato de escrever a mão permite anotações na ausência de aparatos tecnológicos e é considerado fundamental para o desenvolvimento de habilidades psicomotoras. Logo, o desenvolvimento da habilidade de escrever requer, antes da preocupação com a ortografia, a descoberta do prazer de escrever livremente como estímulo à criatividade.

Para desenvolver atividades como o reconhecimento de letras e sílabas, fundamentais durante o processo de alfabetização, brincadeiras como forca são bastante desafiadoras. O professor pode montar cartelas com as sílabas dos nomes dos alunos e propor um jogo em que eles tenham que procurar e trocar com os colegas as sílabas para completar seus nomes. A associação de figuras com palavras alicerça as bases para a alfabetização. Jogos de memória com palavras e figuras ou brincadeiras de decifrar palavras sabendo-se a letra inicial e observando uma imagem correspondente também tornam a aprendizagem mais interessante.

Para Rischbieter (2000), o ambiente que favorece o jogo, que conta com o apoio dos adultos na disponibilização de materiais adequados para a leitura pelas crianças proporciona diversas oportunidades prazerosas na descoberta da leitura e da escrita. Dos educadores é demandada a sensibilidade de propor metodologias de alfabetização que contemplem o lúdico como prática pedagógica relevante. Para isso, Libâneo e Pimenta (1999, p. 261-262) destacam a necessidade da formação continuada e da promoção de discussões e reflexões sobre as práticas docentes:

> Dada a natureza do trabalho docente, que é ensinar como contribuição ao processo de humanização dos alunos historicamente situados, espera-se dos processos de formação que desenvolvam conhecimentos e habilidades, competências, atitudes e valores que possibilitem aos professores ir construindo seus saberes-fazeres docentes a partir das necessidades e desafios que o ensino como prática social lhes coloca no cotidiano.

Para que o processo de aquisição da linguagem oral e escrita seja significativo, tem de estar vinculado às práticas cotidianas. É possível que as crianças não se encantem com a escrita porque não sabem sobre o que escrever. Quando são os adultos que determinam o tema da produção textual, a escrita se torna ainda mais difícil. Como esclarecemos no capítulo anterior, Vygotsky (2009, p. 66) afirma que "o desenvolvimento da criação literária infantil torna-se de imediato bem mais fácil e bem-sucedido quando se estimula a criança a escrever sobre um tema que para ela é internamente compreensível e familiar e, o mais importante, que a incentiva a expressar em palavras seu mundo interior". Caso o professor necessite direcionar a atividade, pode apresentar opções de temas que se adequem a seu planejamento. Muitas vezes essas temáticas estão relacionadas a outras áreas do conhecimento, como ciências, história e geografia. Assim, o processo de aquisição da linguagem oral e escrita também se apresenta como uma proposta interdisciplinar que acontece durante todo o período escolar e está intrinsicamente ligada às interações sociais, culturais e ambientais.

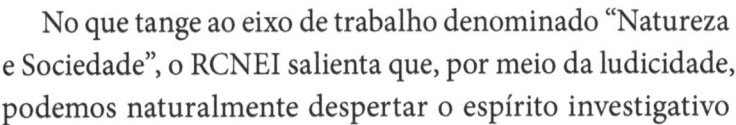

No que tange ao eixo de trabalho denominado "Natureza e Sociedade", o RCNEI salienta que, por meio da ludicidade, podemos naturalmente despertar o espírito investigativo das crianças:

> Muitos são os temas pelos quais as crianças se interessam: pequenos animais, bichos de jardim, dinossauros, tempestades, tubarões, castelos, heróis, festas da cidade, programas de TV, notícias da atualidade, histórias de outros tempos etc. As vivências sociais, as histórias, os modos de vida, os lugares e o mundo natural são para as crianças parte de um todo integrado. (Brasil, 1998c, p. 163)

Ambientes escolares que contam com espaços ao ar livre proporcionam, além do brincar saudável, inúmeras possibilidades de investigações práticas para aulas de ciências. Jogos de esconder objetos podem ajudar crianças pequenas a explorar o terreno com mais curiosidade, descobrir novos elementos da natureza que ainda não haviam sido percebidos e coletá-los, se possível, para estudos em sala de aula. Todo esse material pode virar pintura, desenho, produção textual ou objeto na criação do faz de conta. Uma simples experiência científica, como o cultivo de uma horta ou a erupção colorida (simulando um vulcão com a mistura de bicarbonato de sódio, vinagre e detergente), torna-se lúdica quando provoca o prazer da expectativa para descobrir o que vai acontecer, ou seja, observar o resultado do experimento.

Mesmo as crianças maiores podem participar de jogos propostos pelo professor como um desafio lúdico de aprender conteúdos curriculares em ciências. Albuquerque (2016) relata uma pesquisa realizada com turmas do 9º ano em uma escola de Campina Grande, na Paraíba, utilizando o bingo como atividade lúdica na revisão de conteúdos didáticos de ciências. A atividade consistia na elaboração de uma "ficha com 30 perguntas digitadas (cada número correspondente a uma pergunta), cartelas confeccionadas pela professora (contendo as respostas das perguntas da ficha), e bolinhas de papel amassadas para marcar a cartela" (Albuquerque, 2016, p. 2). A pesquisa demonstrou que essa prática lúdica para revisar conteúdos foi eficaz para 97,7% dos alunos. Aprender sobre o corpo humano jogando um quebra-cabeça com desenhos dos órgãos ou utilizar jogos digitais interativos sobre o tema desperta muito mais a curiosidade do que uma tradicional aula expositiva. Os PCN para as ciências naturais (Brasil, 1997b) ressaltam que a natureza dos objetos de estudo das ciências exige uma forma mais dinâmica de trabalho escolar na construção do pensamento científico.

Esse dinamismo, quando praticado nas áreas de história e geografia, pode levar a uma reflexão crítica mais aprofundada a respeito dos fenômenos naturais e sociais. Uma simples apresentação do espaço geográfico demanda o conhecimento prévio do espaço em que a criança se situa. "Para entender o conteúdo de geografia, por exemplo, antes de a criança aprender determinados termos específicos da disciplina, ela precisa ter explorado o espaço a sua volta com seu próprio corpo" (Duprat, 2014, p. 25). Essa ação exploratória pode ser conduzida de forma lúdica pelo professor, criando significados para a criança. Com base nesse conceito, outros espaços geográficos podem ser trabalhados na perspectiva dos jogos.

É possível propor, por exemplo, um bingo com os estados do Brasil ou um jogo de trilha sobre densidade populacional. Até na contação de histórias é possível trabalhar elementos geográficos. Na brincadeira do "continue a história", um aluno pode contar sua visita imaginária a um país e, na sequência, outro aluno pode complementar a história contando outra parte da aventura e explorando elementos geográficos e culturais sobre o país em questão, e assim sucessivamente, até que todos participem. O jogo "Adivinhe onde é" pode ser usado para identificar a localização de monumentos, patrimônios culturais ou construções históricas por meio de perguntas cujas respostas só podem ser "Sim" ou "Não". Esses mesmos jogos e brincadeiras também podem ser adaptados para conteúdos de história. Um faz de conta teatral sobre a época da abolição da escravatura ou sobre a Idade Média pode ajudar a desconstruir estereótipos; um jogo de dominó pode conectar fatos sequenciais da história da humanidade; e o jogo de memória pode ajudar na memorização de fatos e datas importantes para o entendimento do contexto histórico.

Todas as atividades dependem da criatividade do professor para elaborar, coletar e disponibilizar o material para a realização da atividade lúdica. O importante é que sejam proporcionadas a construção de hipóteses e a reflexão crítica por parte dos alunos durante o jogo ou a brincadeira. Não há dúvidas de que a assimilação do conteúdo é muito mais expressiva e significativa quando envolve a ludicidade.

4.5
Psicomotricidade: o lúdico na interação entre corpo e mente

Exploramos até este ponto do livro o quanto a ludicidade pode colaborar para a aprendizagem de conteúdos curriculares. Nesta seção, detalharemos como ela também contribui para o desenvolvimento da psicomotricidade. Ainda hoje o termo *psicomotricidade* é associado a atividades de coordenação motora, impressas ou mimeografadas, de cobrir pontilhados. Muito mais do que isso, a psicomotricidade envolve todas as ações de movimento integradas com as ações psíquicas. Assim, não só o movimento corporal está envolvido, mas também o desencadeamento de emoções, percepções e pensamentos que se manifestam por meio da postura e dos gestos corporais. De acordo com Duprat (2014, p. 38), "a psicomotricidade está presente em todas as atividades humanas, desde pegar um copo com água a participar de uma competição nas Olimpíadas; tanto em atividades de sobrevivência como de aprendizagem sistematizada pela escola".

No Capítulo 2, comentamos sobre a teoria psicogenética de Wallon e seus domínios funcionais, em que o ato motor está intrinsicamente relacionado aos domínios afetivos e cognitivos, fundamentais para a formação integral do indivíduo. O ato motor corresponde aos movimentos e às expressões corporais, por vezes priorizados apenas na educação infantil. A partir do ensino fundamental, predomina o domínio cognitivo. Você pode questionar: No ensino fundamental não há aulas de Educação Física? Sim, todavia ainda se verifica nelas uma metodologia inepta, que não considera o equilíbrio entre corpo, mente e afetividade, que apenas propõe exercícios físicos sem objetivos definidos, jogos com bola como passatempo ou trabalhos escritos e burocráticos sobre regras de jogos. A psicomotricidade envolve conhecimento do próprio corpo e de suas capacidades, respeito a si mesmo e às próprias limitações e respeito ao outro. As habilidades psicomotoras estão relacionadas ao desenvolvimento do tônus muscular como um veículo de expressão das emoções (Marinho et al., 2012).

Normalmente, os espaços escolares são utilizados de forma coletiva, portanto as ações de movimento requerem o contato, a participação e o respeito mútuo. É comum nesses espaços a manifestação de emoções por meio da expressão corporal e das brincadeiras. A escola, no equívoco de associar aprendizagem e disciplina com silêncio e imobilidade, restringe os movimentos em sala, tornando o recreio e o horário de saída um alvoroço de crianças ansiosas em desabalada correria para liberar energia armazenada. Reprimir as manifestações afetivas nesse momento não gera os resultados esperados, e o que se confirma é um ambiente estressante, onde educadores e alunos despejam descontroladamente suas emoções. De acordo com o RCNEI:

> é importante que o trabalho incorpore a expressividade e a mobilidade próprias às crianças. Assim, um grupo disciplinado não é aquele em que todos se mantêm quietos e calados, mas sim um grupo em que os vários elementos se encontram

envolvidos e mobilizados pelas atividades propostas. Os deslocamentos, as conversas e as brincadeiras resultantes desse envolvimento não podem ser entendidos como dispersão ou desordem, e sim como uma manifestação natural das crianças. (Brasil, 1998c, p. 19)

Conforme Wallon (1968), o ato motor está conectado com a inteligência. Sendo assim, a imobilidade prejudica a aprendizagem. Uma criança que tem suas ações psicomotoras bloqueadas ou reprimidas com muita frequência tende a ficar isolada, a apenas observar e receber passivamente as informações do meio, evitando participar de forma ativa das dinâmicas escolares.

Podemos afirmar então que as ações psicomotoras ajudam a desenvolver a inteligência na criança? Sim, e são muito mais efetivas quando planejadas conforme o desenvolvimento maturacional da criança. É importante enfatizar esse ponto porque com frequência os professores se deparam com crianças angustiadas por não terem domínio corporal ao realizar uma atividade. Assim, a afetividade se manifesta de forma negativa, gerando sentimento de frustração. A mediação do professor, por meio do diálogo e do incentivo, ajuda a criança a entender que o desenvolvimento físico e a prática constante são fatores que desencadearão os resultados esperados por ela.

Da mesma forma, o desenvolvimento cognitivo também é perceptível com a prática de atividades psicomotoras adequadas e planejadas para cada estágio de desenvolvimento, respeitando as particularidades de cada criança. Até mesmo o processo de alfabetização demanda amplo movimento das mãos, coordenação motora fina e habilidades psicomotoras para que a criança desenvolva a escrita tanto em letra de fôrma quanto em letra cursiva.

Como os aspectos lúdicos podem ajudar no desenvolvimento das habilidades psicomotoras?

O simples ato de brincar livremente já proporciona o autoconhecimento por meio de movimentos e expressões corporais. Bemvenuti et al. (2012, p. 150) consolidam, de forma brilhante, a importância de brinquedos e brincadeiras para o desenvolvimento corporal:

> A manipulação dos Brinquedos depende do corpo: boneca, carrinho, cinco-marias, bola, boneca de pano, carrinho de autorama, cinco-marias pequenininhas, bola de plástico. A percepção tátil, auditiva, cinestésica e olfativa dos brinquedos passa, necessariamente, pelo corpo. A participação das crianças, dos jovens, dos adultos e dos idosos em qualquer proposição de Jogo passa sempre pelo corpo – pelas mãos, pelos olhos, pela "cabeça": jogo da memória, quebra-cabeça, jogos de tabuleiro ou de adivinhação. As Brincadeiras não existiriam se não existissem corpos que brincam: de esconder, de pegar, de correr, de agarrar!

Os aspectos da psicomotricidade que são aprimorados nas brincadeiras estão relacionados à coordenação motora, ao equilíbrio e à lateralidade.

As atividades de **coordenação motora**, ao contrário do que muitos pensam, não envolvem apenas os movimentos manuais. Todas as ações corporais que envolvem movimento podem incorporar atividades lúdicas: a dança, as lutas, as brincadeiras com bolas, a corrida de obstáculos. Infelizmente, já não vemos com tanta frequência crianças brincando de pular corda. E essa é uma atividade excelente para o desenvolvimento da coordenação motora, pois envolve ritmo e organização espaço-temporal.

O desenvolvimento do **equilíbrio** se dá em diversas brincadeiras que exigem movimento, como imitar o saci, pular amarelinha, saltar obstáculos, escalar. Como a criança está se desenvolvendo, é comum que caia; é importante, então, que aprenda a cair para sofrer menos impactos. Com frequência, as crianças correm no momento do recreio, e muitas caem porque não desenvolveram ainda a habilidade de equilibrar-se. Por isso, conforme sugestão do RCNEI, "as instituições devem assegurar e valorizar, em seu cotidiano, jogos motores e brincadeiras que contemplem a progressiva coordenação dos movimentos e o equilíbrio das crianças" (Brasil, 1998c, p. 34). Descontruir estereótipos também é fundamental: o bambolê é um brinquedo notável para o desenvolvimento da coordenação, do equilíbrio e da lateralidade, que jamais deve ser considerado um "brinquedo de menina". O mesmo vale para futebol, balé, capoeira e caratê, cujas práticas costumam segregar as crianças.

Quando desenvolve noções de **lateralidade**, a criança aprende a conhecer melhor seu esquema corporal, sua simetria e também suas limitações. Ainda existem, por exemplo, educadores que insistem que a criança desenhe ou escreva com a mão direita, quando nem ela mesma está preparada para decidir. "Espontaneamente a criança irá manifestar a preferência pelo uso de uma das mãos, definindo-se como destra ou canhota. Assim, cabe ao professor acolher suas preferências, sem impor-lhes, por exemplo, o uso da mão direita" (Brasil, 1998c, p. 39). É possível perceber a expressão da lateralidade nas brincadeiras que envolvem cantigas de roda (de mãos dadas, as crianças rodam sucessivamente para direita e esquerda) e na brincadeira de escravos de Jó, com o uso de copinhos e danças coreografadas.

O professor também pode criar circuitos de movimento explorando o faz de conta, como se a criança tivesse de se equilibrar em uma ponte pisando em uma corda, passar por baixo de obstáculos ou correr em zigue-zague desviando deles. Além de estimular a imaginação, essas ações tornam as atividades psicomotoras desafiantes e divertidas. O educador deve usar sua criatividade para compor circuitos diversificados.

Síntese

Neste capítulo, destacamos a importância das atividades lúdicas nos espaços escolares como suporte para a aprendizagem. Os jogos, as brincadeiras e outros aspectos lúdicos podem ajudar o professor a tornar a aprendizagem mais significativa, pois se associam às práticas cotidianas vivenciadas e servem como ancoradouro para a assimilação de novos conhecimentos na estrutura cognitiva do aluno. Documentos governamentais, como a Lei de Diretrizes e Bases (LDB), o Referencial Curricular para a Educação Infantil (RCNEI) e os Parâmetros Curriculares Nacionais (PCN), sugerem o uso de estratégias criativas e dinâmicas nas metodologias de ensino e nas práticas pedagógicas. Portanto, é necessário rediscutir o cenário nacional atual para que a escola não seja mera reprodutora de conteúdos, mas um espaço para discussão, reflexão e experiências criativas, remodelando o perfil do professor centralizador para um perfil de mediação e investigação.

Diversas brincadeiras presentes no cotidiano infantil envolvem conceitos matemáticos que as crianças aprendem mesmo sem deles ter consciência. O uso de materiais manipuláveis planejados e adequados à idade das crianças promove a construção de conceitos matemáticos muito mais significativos do que a simples efetuação de exercícios mecânicos. Atividades lúdicas podem também favorecer o aprendizado como instrumentos efetivos para o desenvolvimento da linguagem. Jogos podem servir como estratégias poderosas para a aprendizagem de conceitos nas mais diversas áreas do conhecimento. Dominós, memória, trilhas, bingos e outros jogos podem ser confeccionados como propostas desafiantes para revisão ou aprofundamento de conceitos. As aulas que envolvem movimento e desenvolvem habilidades psicomotoras podem ser preparadas com um repertório amplo de brincadeiras, jogos, danças e atividades esportivas. Essas ações lúdicas permitem que a criança tenha conhecimento do próprio corpo, com seus limites e possibilidades. É importante que o planejamento de atividades psicomotoras promova o autoconhecimento e desenvolva na criança o respeito a si mesma e ao outro.

Indicações culturais

Entrevista

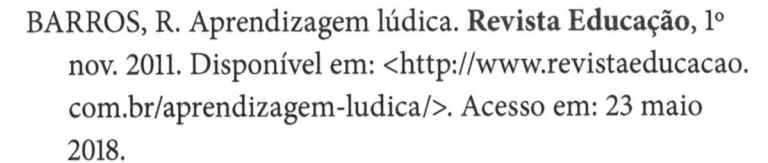

BARROS, R. Aprendizagem lúdica. **Revista Educação**, 1º nov. 2011. Disponível em: <http://www.revistaeducacao.com.br/aprendizagem-ludica/>. Acesso em: 23 maio 2018.
Entrevista com a fundadora do Centro de Alfabetização, Leitura e Escrita (Ceale) e professora da Faculdade de Educação da Universidade Federal de Minas Gerais (UFMG), Magda Becker Soares, sobre leitura e escrita na educação infantil.

Vídeos

MATEMÁTICA: jogo monetário. Disponível em: <https://www.youtube.com/playlist?list=PLMkieMdctLhWqZN2lMhc4P7aZt9ly3HOn>. Acesso em: 23 maio 2018.
Canal de um professor de matemática com diversos exemplos e sugestões de construção e aplicação de jogos matemáticos para alunos do ensino fundamental.

LÚDICO e a psicomotricidade na educação infantil. Disponível em: <https://www.youtube.com/watch?v=ZlvDO0rm-4Y>. Acesso em: 23 maio 2018.
Vídeo de Max Haetinger que tem o objetivo de discutir ações psicomotoras na escola associadas à ludicidade como aprofundamento na formação profissional do docente. Traz exemplos com crianças de atividades que exploram o movimento.

Atividades de autoavaliação

1. Analise cada uma das afirmações a seguir e marque V para as verdadeiras e F para as falsas:
   ( ) O professor deve focar nas atividades lúdicas meramente como passatempo e divertimento para as crianças.
   ( ) O professor deve investir em sua formação lúdica, incluindo jogos e brincadeiras para revisar e aprofundar conteúdos curriculares.
   ( ) O professor deve focar nos conteúdos que exigem memorização, pois a prática não traz significado para o aluno.
   ( ) O professor deve planejar e desenvolver atividades lúdicas, registrando e realizando a verificação da aprendizagem.

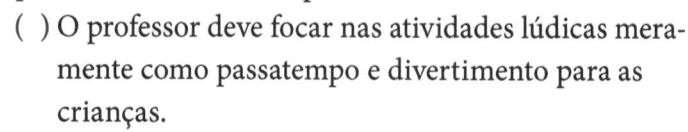

   Agora, assinale a alternativa que apresenta a sequência correta:

   a) F, V, V, V.
   b) F, V, F, V.
   c) F, F, V, F.
   d) V, V, F, F.

2. Afirmamos neste capítulo que: "as atividades lúdicas também podem oferecer importantes informações para conhecer melhor as crianças e definir ações e estratégias pedagógicas que potencializam a aprendizagem". Nesse contexto, analise as afirmações a seguir:
   I) O professor pode registrar algumas observações relevantes a serem retomadas posteriormente e até

mesmo solicitar que as crianças registrem as brincadeiras por meio de desenhos ou textos, por exemplo.

II) O professor precisa observar as brincadeiras com atenção para perceber as manifestações emocionais que comprometem a socialização entre os alunos.

III) O professor deve autorizar que os alunos escolham aleatoriamente os espaços e materiais, pois a intervenção pedagógica prejudica a aprendizagem.

IV) O professor deve priorizar sempre o brincar livre, sem qualquer interferência, pois o brincar direcionado limita consideravelmente a criatividade dos alunos.

Estão corretas apenas as afirmações:

a) II e III, IV.
b) I e III.
c) I e II.
d) II e IV.

3. Com base no que você estudou sobre ludicidade, assinale a alternativa que apresenta um contexto significativo para a aprendizagem de conceitos matemáticos por meio de atividades lúdicas:

a) Por se tratar de uma ciência exata, as atividades para ensinar matemática devem ser puramente abstratas e todo o raciocínio lógico dispensa atividades com material manipulável.

b) O material dourado, criado por Maria Montessori, é um recurso exclusivo para a aprendizagem de conceitos matemáticos na educação infantil, pois nos anos iniciais do ensino fundamental espera-se que a criança já domine conceitos abstratos.

c) As atividades lúdicas para trabalhar conceitos matemáticos devem auxiliar as crianças a perceberem que há mais de uma maneira de se chegar ao resultado correto.

d) Os materiais manipuláveis são excelentes para a aprendizagem de conceitos matemáticos e garantem resultados significativos para a aprendizagem sem a mediação do professor.

4. Fizemos, ao longo deste capítulo, o seguinte questionamento: "Como podemos desenvolver a oralidade por meio da ludicidade? Entre as afirmações apresentadas a seguir, assinale a alternativa que apresenta a estratégia lúdica que contribui para o desenvolvimento da oralidade:

a) Prática da repetição e estímulo da reprodução das palavras apresentadas pelo professor.

b) Promoção do diálogo e de atividades como trava--línguas e provérbios.

c) Produção escrita por meio do faz de conta no processo de alfabetização.

d) Leitura de livros escolhidos pelo professor, com o objetivo de decifrar os códigos linguísticos.

5. Entre os aspectos da psicomotricidade que podem ser desenvolvidos por meio da ludicidade, situam-se a coordenação motora, o equilíbrio e a lateralidade. Sobre isso, é correto afirmar:

I) As atividades de coordenação motora baseiam-se apenas na caligrafia e no preenchimento de pontilhados.

II) O desenvolvimento do equilíbrio possibilita o avanço do desenvolvimento cognitivo por meio de quebra-cabeças e jogos de tabuleiro.

III) As cantigas de roda ajudam no desenvolvimento da lateralidade.

IV) Os circuitos de movimento, quando bem explorados, possibilitam o desenvolvimento da coordenação motora, do equilíbrio e da lateralidade.

Estão corretas apenas as afirmações:

a) III e IV.
b) II, III e IV.
c) I, III e IV.
d) II e III.

Atividades de aprendizagem

Questões para reflexão

1. Faça um quadro comparativo que contenha estratégias e benefícios do brincar livre e do brincar direcionado. Analise e anote quais pontos podem servir como indicadores para o diagnóstico da aprendizagem.

2. Considere a seguinte passagem:

> As questões ambientais são as principais causadoras de obesidade infantil, pois atualmente, nas grandes cidades, as crianças não têm quase espaço para atividades físicas, consomem uma dieta monótona, rica em alimentos altamente calóricos, ficam muito tempo de seu dia em frente

a aparelhos eletrônicos, o que conduz ao sedentarismo. (Borba, 2006, p. 32)

Analisando esse trecho, elabore um pequeno texto sobre a importância da ludicidade para o desenvolvimento de habilidades psicomotoras e como elas podem ajudar a combater o sedentarismo infantil.

Atividade aplicada: prática

1. Neste capítulo, abordamos algumas propostas lúdicas para trabalhar conceitos nas seguintes áreas do conhecimento:
   a) matemática;
   b) linguagem e alfabetização;
   c) ciências;
   d) história;
   e) geografia;
   f) natureza e sociedade;
   g) educação física e psicomotricidade.

Escolha agora uma dessas áreas e elabore um plano de aula que contemple uma ou mais atividades lúdicas que possibilitem a aprendizagem de um conceito ou de um conteúdo. Defina um roteiro de aula significativo que contemple o público-alvo, os recursos materiais que serão necessários para a execução das atividades e o tempo de duração previsto. Defina também os objetivos ou as metas que pretende atingir e estipule como fará, preferencialmente, uma avaliação formativa. Planeje também em quais momentos o brincar livre e o dirigido estarão presentes.

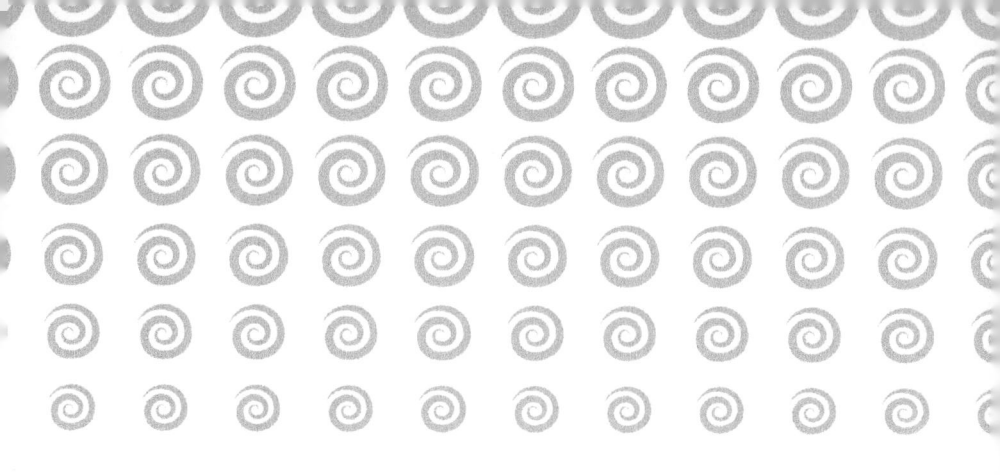

5
Jogos, diversão e conhecimento

> A maturidade do homem consiste em haver reencontrado a seriedade que tinha no jogo quando era criança.
>
> *Friedrich Nietzsche*

Este capítulo é dedicado ao estudo da ludicidade dos jogos. O preconceito quanto ao uso de jogos vem perdendo espaço para a inclusão de jogos educativos nos planejamentos escolares como um instrumento expressivo para a aprendizagem. Os jogos de regras são opções para desenvolver o respeito ao próximo com base em desafios que as crianças precisam cumprir. Os jogos cooperativos possibilitam desenvolver o espírito coletivo e participativo e estabelecer vínculos afetivos positivos. Já os jogos de construção ativam o potencial criativo das crianças porque são elas que desenvolvem a matéria-prima das suas brincadeiras. Por fim, os jogos digitais e os conteúdos que incorporam elementos de gamificação podem ser explorados de forma a despertar a motivação para a aprendizagem.

5.1
Jogos educativos: brincar e aprender

Nos capítulos anteriores deste livro, mencionamos por diversas vezes a influência lúdica e positiva dos jogos na aprendizagem. Tratamos o jogo como um dos elementos lúdicos mais relevantes para aprender conceitos abstratos, porém associado a brincadeiras e a outros aspectos da ludicidade. Neste capítulo, trataremos especialmente dessa atividade lúdica tão prazerosa e plena que agrada não só às crianças, mas também aos adultos, como já mencionamos em Wallon, porque dá a liberdade de fazer algo que dá prazer e se diferencia das atividades obrigatórias.

Como você já sabe, nem todo jogo tem função educativa. Muito pelo contrário, os jogos têm a função primária de distrair e entreter. A aprendizagem é uma consequência que depende de vários fatores presentes nos jogos: informações corretas, viabilidade metodológica para que a aprendizagem seja progressiva e mediação humana, que na maior parte das vezes corresponde à figura do professor. O jogo por si só pode até ter caráter informativo, mas nem sempre gera conhecimento. Portanto, a figura de um mediador é fundamental para que a aprendizagem aconteça de maneira efetiva, sendo o jogo apenas um instrumento facilitador desse processo. Para Rau (2012), aos adultos cabe elaborar situações lúdicas com a finalidade de estimular a aprendizagem, definindo o caráter educativo do jogo e atendendo às demandas tanto da educação infantil quanto dos anos iniciais do ensino fundamental. O professor pode, além disso, proporcionar a reflexão sobre atitudes que não funcionaram e orientar a criação de estratégias mais eficientes nos jogos.

No Capítulo 1, apresentamos os diferentes significados atribuídos aos jogos em diferentes culturas e contextos sócio-históricos. Kishimoto (1994, p. 108) ressalta que, "enquanto fato social, o jogo assume a imagem, o sentido que cada sociedade lhe atribui. É este o aspecto que nos mostra por que o jogo aparece de modos tão diferentes, dependendo do lugar e da época".

Durante muito tempo, a escola desprezou os jogos pelo caráter social de puro entretenimento, sem vínculo com a aprendizagem, mas principalmente pela associação ao vício e aos "jogos de azar". Os educadores temiam que o jogo pudesse ser uma influência negativa para as crianças, que desvirtuasse a personalidade e comprometesse a formação de uma boa índole. Atualmente, muitos jogos didáticos e digitais já apresentam elementos que desmitificam essa visão sobre o jogo. A grande questão agora é: Como usá-lo de forma eficiente e sem comprometer outras atividades?

Quando se trata do planejamento do uso de jogos educativos na escola, é preciso ter em mente que não são os aspectos quantitativos que garantem a eficiência, mas os aspectos qualitativos. Em outras palavras, não é a quantidade de jogos ou a frequência com que se brinca que traz resultados pedagógicos esperados, mas a qualidade do aproveitamento do tempo que se disponibiliza para utilizá-los. É importante que o adulto observe como a criança joga, que estratégias utiliza para driblar obstáculos, que dificuldades apresenta ao resolver problemas propostos pelos jogos e como se comporta na posição de ganhador ou perdedor. É importante que o professor, após a realização do jogo, proponha um diálogo ou uma atividade que permita refletir sobre as ações, trocar ideias ou verificar quais conhecimentos foram adquiridos com aquela atividade lúdica.

O jogo aleatório, sem objetivos, é um passatempo sem sentido. Mesmo que seja de caráter livre, o jogo precisa construir significados por meio das ações concretas do jogo e avaliar, principalmente, se os objetivos previstos foram alcançados. É preferível limitar o tempo dos jogos, proporcionado uma ação pedagógica de continuidade que seja relevante para o conteúdo curricular, como uma revisão ou um aprofundamento, a disponibilizar horas inteiras que depois não terão nenhum significado pedagógico.

Outra questão que precisa ser considerada no planejamento do uso de jogos na educação é o material que será disponibilizado para a realização da atividade. Há escolas que investem muito dinheiro em brinquedos e jogos que despertam um interesse mínimo ou efêmero. São jogos que têm apelo comercial muito grande (e assim a escola entende que ganha pontos com os pais), mas que na prática não são pedagogicamente desafiadores para os alunos, ficando desinteressantes em pouco tempo. O educador precisa também analisar se o jogo condiz com a faixa etária de seu público-alvo, pois, estando muito acima ou abaixo das indicações etárias, a criança perde o interesse de imediato.

A diversidade de jogos que podem ser utilizados nos espaços escolares precisa ser planejada com flexibilidade, de modo a buscar diferentes objetivos. No conjunto dos jogos educativos não se enquadram apenas os jogos de tabuleiro com intuito de desenvolver o raciocínio lógico e os aspectos cognitivos. As práticas esportivas são igualmente importantes para o desenvolvimento psicomotor e afetivo, e jogos que instigam o movimento também têm seu valor educacional. Nesses casos, é necessário providenciar espaços adequados para que as crianças desenvolvam, com liberdade, as práticas de jogo. A flexibilidade é importante em situações ou contextos em que o clima, a falta de materiais e outros imprevistos impeçam alguma ação planejada. É preciso guardar uma "carta na manga", a fim de garantir uma atividade similar considerando imprevistos e atendendo às expectativas pedagógicas. O professor deve, ainda, ser receptivo às ideias e sugestões das crianças na tentativa de solucionar os imprevistos.

Para Antunes (1999), os jogos podem estimular diversas habilidades cognitivas relacionadas às múltiplas inteligências que a criança pode desenvolver. No Quadro 5.1, relacionamos os modelos de inteligência apontados pelo autor e alguns jogos educativos que podem ser desenvolvidos para estimular essas habilidades.

Quadro 5.1 – As múltiplas inteligências

Inteligências	Jogos
Linguística	Memória de palavras e figuras, forca, trava-línguas, charadas, caixa-silábica.
Lógico--matemática	Ábaco, xadrez, ludo, blocos lógicos, sudoku, matix, desafios de lógica.
Espacial	Batalha naval, *twister*, jogo do labirinto, mímica, quebra--cabeça de mapas.
Musical	Adivinhe o que caiu, Continue a música, Que som é esse?, Imite o bicho, cantigas de roda.
Cinestésico-corporal	Jogo da imitação, pega varetas, torre de Hanói, cubo mágico, jogos de encaixe, aramado, telefone sem fio.
Naturalista	Detetive, esconde-esconde, jogos digitais de exploração, circuitos de faz de conta, trilha, jogos de estratégias.
Pictórica	Imagem e ação, jogo das sombras, figura-fundo, Onde está o Wally?, *Brinc e Color*.
Pessoal	Cinco-marias, queimada, capoeira, Quem eu levaria para a Lua e por quê?, dinâmicas de grupo, corrida dos valores humanos.

Fonte: Elaborado com base em Antunes, 1999, p. 39.

Essas são apenas algumas possibilidades que os jogos oferecem para desenvolver habilidades e inteligências. Que tal elaborar agora um quadro com sua própria lista de jogos?

5.2
Jogos de regras: seguindo o combinado

Diz o senso comum que, se os jogos não tivessem regras, não teriam a menor graça. Sabe por quê? Porque cada um iria impor suas próprias normas e não se chegaria a um acordo, pois todos, de certa forma, estariam com a razão. Viver em um mundo regrado nem sempre é divertido, mas sabemos que as regras são fundamentais para a convivência em sociedade. Conforme estudamos em Vygotsky, as regras dão sentido às brincadeiras e as tornam desafiantes para a criança.

É a diversidade de regras que sustenta a diversidade de jogos. Jogos são interessantes quando representam desafios a serem superados, e a variedade de jogos hoje permite que sejamos desafiados de diferentes formas. Por exemplo, jogar xadrez e jogar futebol são desafios diferentes que revelam habilidades, limitações e possibilidades de aprendizagem distintas. Para Kishimoto (1994), o que caracteriza os jogos de xadrez, de dama e de trilha, por exemplo, são as regras específicas que eles apresentam e que são seguidas de maneira lúdica. A ausência de regras, portanto, é capaz de suprimir a identidade do jogo. Em contrapartida, o excesso de rigidez ou a inflexibilidade das regras podem cingir a imaginação e a liberdade criativa, uma vez que existe uma preocupação maior com as regras do que com o jogo em si.

O conhecimento das regras de cada jogo é um exercício à parte, pois é necessário interpretar e entender o que significam os tópicos que pertencem a cada regra. Em um jogo coletivo, por exemplo, o professor, além de apresentar as regras, pode promover um diálogo esclarecedor sobre elas e aprimorar também habilidades de interpretação textual, que vão além de uma simples decodificação de palavras. A simples memorização de regras é uma atividade tediosa; assim, se não houver um significado ou uma aplicação prática, resulta em uma informação descartável.

Alguns jogos mais tradicionais contam com um sistema de regras que basicamente não sofreu muitas modificações desde sua origem. É o caso de campeonatos ou jogos oficiais que necessitam de um sistema de regras rígido, pois a meta é a premiação ao final da competição. No caso das brincadeiras do dia a dia e dos jogos escolares, precisamos refletir sobre a conveniência das regras que adotamos e que nem sempre se aplicam a todas as realidades. Existem escolas cujas quadras de esportes têm metragem oficial, por exemplo, mas esta não é a realidade de todas. Também os jogos podem ter suas regras flexibilizadas para se adequarem à realidade de cada contexto escolar. As regras podem ser discutidas e remodeladas previamente entre os participantes do jogo, se entenderem que essa estratégia pode melhorar a integração. "Os jogos com regras [...] permitem a adaptação de ações individuais à coerência e às regras do grupo, bem como o respeito às diferenças, que são pré-requisitos para a conivência harmoniosa entre indivíduos" (Cória-Sabini; Lucena, 2015, p. 41).

Mesmo a adequação de regras não garante que o jogo acontecerá da forma que o professor planejou. Muitas vezes, cria-se uma expectativa na espera de resultados que acabam não se confirmando. Esse é um sentimento que pode gerar frustração tanto no adulto quanto nas crianças. Além disso, mesmo conhecedores das regras, é possível encontrar alunos que querem transgredi-las. Nesse caso, convém analisar e discutir se as regras não estão oferecendo algum obstáculo que afeta o desempenho do jogo e se todos os participantes estão cientes quanto a seu cumprimento. É substancial que essa prática auxilie, da mesma forma, na conscientização das regras para o convívio em sociedade.

Antunes (1999, p. 17) ressalta que, "socialmente, o jogo impõe o controle dos impulsos, a aceitação das regras, mas sem que se aliene a elas, posto que são as mesmas estabelecidas pelos que jogam e não impostas por qualquer estrutura alienante". Seguir regras também é uma atitude de respeito ao próximo e de formação de cidadãos críticos e conscientes de que cada indivíduo precisa contribuir para o bem-estar em uma sociedade. Essa visão pode ser concebida durante uma brincadeira ou um jogo com regras bem estabelecidas. Quando a criança segue um conjunto de regras sem uma reflexão crítica sobre elas, na verdade está apenas as reproduzindo mecanicamente, porque sabe que precisa fazê-lo, mas não percebe **por que** precisa fazê-lo.

Em alguns momentos, os educadores podem ter dificuldades em manter uma harmonia permanente em jogos com regras. A fase escolar é de constante desenvolvimento físico, neuronal e afetivo, sendo comum, no decorrer da construção da identidade, as crianças entrarem em conflitos e embates que, em muitos casos, geram indisciplina, intolerância às restrições e questionamento das normas e condutas sociais. Por mais difícil que pareça, o diálogo é o melhor caminho, e o professor também deve estar receptivo a críticas e sugestões, em um processo que desenvolva a autonomia. Também é importante ter consciência do quanto é complexo ser democrático e atender a todas as necessidades. É preciso observar se as regras configuram-se em instrumento que segrega ou que favorece determinado grupo. Por isso, o consenso entre os participantes do jogo é fundamental e a flexibilidade para mudanças também deve ser considerada. Nesse sentido, Piaget (1994, p. 66) ressalta:

> Para que, de fato, a reciprocidade dos jogadores na aplicação das regras estabelecidas ou na elaboração de novas regras se verifique, será preciso eliminar tudo o que possa comprometer essa mesma reciprocidade (as desigualdades devidas à sorte, às diferenças muito grandes entre os indivíduos e matéria de habilidade ou em força física etc.).

Portanto, para que a aceitação de regras seja de interesse comum e não apenas uma medida autoritária, é importante que o educador atente para as situações apresentadas a seguir.

Entendendo as regras do jogo

- Certifique-se de que as regras do jogo foram compreendidas por todos. Se houver necessidade, apresente as regras na forma de desenhos. Além disso, explique antecipadamente quais serão as consequências do não cumprimento das regras.
- Nem sempre o castigo é a melhor maneira de impor limites e aprender sobre regras. O castigo em que a criança pequena vai para o "cantinho do pensamento" e se isola para pensar nas suas atitudes não gera uma reflexão significativa. Ela pode passar o tempo ali e nem sequer refletir sobre o que aconteceu. Crianças de um modo geral precisam de orientação, mas é preciso ser firme e ter tranquilidade para conversar.
- Muitas regras ao mesmo tempo podem confundir as crianças. Se for um jogo que exige uma sequência complexa,

> adote as regras progressivamente ou ao início de cada rodada, dependendo do jogo. Fica mais fácil para as crianças assimilar poucas regras de cada vez.
> - Quando existe uma regra para a qual é preciso abrir exceções frequentemente, isso indica que ela precisa ser repensada. Discuta coletivamente com as crianças a importância de mantê-la ou decidam se vão suprimi-la temporária ou definitivamente.

O adulto deve esclarecer para os alunos que, em situações especiais, as regras não podem ser modificadas. É o caso de regras em jogos oficiais ou regras sociais previamente estabelecidas. Ressaltamos a importância de criar um clima de confiança e respeito entre educadores e alunos para que essa relação seja um reflexo do que eles serão na fase adulta: confiantes, responsáveis e respeitosos com o próximo.

5.3
Jogos cooperativos: vamos todos participar?

Quando perguntamos às crianças quais são seus jogos preferidos, eventualmente são citados exemplos em que elas podem jogar em grupo. Jogos desse tipo são bastante desafiadores porque as crianças, em suas interações, competem e se esforçam para obter o melhor resultado. Isso quando estão em sintonia durante o jogo, pois as atividades coletivas demandam algumas afinidades. Quando as crianças conseguem realizar juntas uma atividade harmonicamente, podemos dizer que elas estão aprendendo a dominar algumas habilidades importantes. De acordo com os Parâmetros Curriculares Nacionais (PCN):

> A participação em jogos de grupo também representa uma conquista cognitiva, emocional, moral e social para a criança e um estímulo para o desenvolvimento do seu raciocínio lógico.
>
> Finalmente, um aspecto relevante nos jogos é o desafio genuíno que eles provocam no aluno, que gera interesse e prazer. Por isso, é importante que os jogos façam parte da cultura escolar, cabendo ao professor analisar e avaliar a potencialidade educativa dos diferentes jogos e o aspecto curricular que se deseja desenvolver. (Brasil, 1997c, p. 36)

Denominaremos os jogos em grupo, neste capítulo, como *jogos cooperativos*. Isso porque a cooperação é fundamental para o bom desenvolvimento do jogo e para que ele seja um instrumento efetivo de aprendizagem. Crianças que brincam em grupo, mas não interagem entre si, não trocam ideias e não colaboram umas com as outras, são apenas um aglomerado utilizando o mesmo espaço. A brincadeira em grupo, para ser cooperativa, deve envolver os participantes de modo que eles possam estabelecer interações eficazes e dinâmicas entre si. Essas relações envolvem criatividade, proatividade, desenvoltura e respeito a si mesmo e ao próximo.

Os jogos cooperativos possibilitam ao professor desenvolver as mais diversas práticas com os alunos e cumprir os mais variados objetivos conforme as estratégias utilizadas. Não só as práticas sociais são valorizadas; são também estabelecidas relações psicológicas que envolvem a maneira como as crianças se comportam afetivamente em meio às situações diversas no jogo e como reagem aos resultados.

As relações sociais estabelecidas durante os jogos cooperativos podem fortalecer vínculos de amizade e companheirismo, desenvolver o "espírito de equipe", incentivar a solidariedade e até mesmo ajudar a resolver conflitos. Em tempos de relações virtuais, nos quais a internet escolhe parceiros de jogo, as crianças conseguem participar de jogos cooperativos mesmo estando fisicamente sozinhas. Como todas as relações, as virtuais têm seus prós e contras.

A vantagem das relações virtuais é que não existem barreiras físicas ou de idioma que impeçam uma criança de conhecer outras culturas e costumes diferentes dos dela. O que antes era possível apenas por um intercâmbio de correspondências em forma de cartas, hoje pode ser feito de maneira muito mais ágil por *e-mail* ou mensagem instantânea e até mesmo em tempo real, com um aplicativo que possibilite a videoconferência. Os fatores negativos desse tipo de relação acontecem quando as crianças ficam condicionadas à esfera virtual, sem que tenham fortes vínculos pessoais com outras crianças. Bauman (2004) aborda esse contexto da fragilidade das relações por meio da analogia da **modernidade líquida**, comparando-a com a fluidez e a falta de solidez das substâncias líquidas. Em uma sociedade que cada vez mais preza pelas relações virtuais, não sabemos ainda, por ser uma prática tão recente, quais serão as reais consequências desse tipo de comportamento.

Quando fatores psicológicos estão implicados, pais e educadores tendem a proteger a criança, impedindo que ela sinta frustrações. Quando uma criança ou um grupo de crianças perde em uma competição, mesmo que seja uma simples atividade lúdica, é comum que exprimam sentimentos de frustração e inveja. Como adultos, às vezes, tentamos diminuir o impacto dessa reação, tratando-a como uma coisa tola, um sentimento que logo passará, quando, na verdade, o ideal é ajudar as crianças a encarar esse sentimento com honestidade. A vida adulta, como sabemos, é cheia de altos e baixos (perdem-se empregos, perdem-se oportunidades, perdem-se bens materiais) e nem sempre somos valorizados por nosso desempenho.

Não saber lidar com esses sentimentos pode aumentar casos de depressão e até mesmo de suicídio. A criança pode perder hoje, mas isso não significa que ela não será vencedora amanhã. Nesse momento, ela precisa identificar que estratégias e habilidades terá de desenvolver para conseguir vencer. Muitas, quando perdem, decidem não jogar novamente para não correr o risco de experimentar a derrota mais uma vez. A falta de estímulo para continuar e de autoconfiança para lidar com essas frustrações pode, futuramente, formar um adulto que desiste na menor das dificuldades e que decide não se arriscar por medo de perder.

Para o professor administrar essas situações quando se tem um grande número de alunos não é tarefa fácil. É preciso saber que, em muitos casos, a mudança é progressiva. Rau (2012, p. 161) destaca:

> Ao refletirmos sobre os jogos cooperativos, percebemos que, apesar da recreação ser, historicamente, uma prática constante na infância, em diferentes contextos há muitos problemas

no que se refere à sua utilização como recurso pedagógico. Para reversão desse quadro, tendo como objetivo o desenvolvimento das áreas cognitiva, afetiva e social das crianças, é preciso levá-las à reflexão no seu processo de construção do conhecimento.

Educadores podem encontrar dificuldade em diagnosticar habilidades ou avaliar os alunos durante os jogos cooperativos. Nem sempre é possível calcular a dimensão do esforço que cada criança exerce durante a atividade, o que também depende da habilidade e da disposição de cada uma. O professor pode apresentar jogos em que o resultado dependa da contribuição de cada participante, em que todos tenham seu papel para o bom desempenho no jogo. No jogo de futebol de botão, por exemplo, é preciso que os participantes aprendam a controlar e a direcionar os movimentos. Há muitos outros que podem explorar ações individuais, como amarelinha, travessia, desafio do bambolê (com várias tarefas a serem cumpridas usando bambolês) e escravos de Jó. No entanto, é importante verificar se a criança apresenta interesse em participar do jogo naquele momento e se está engajada com o grupo. São inúmeros os fatores que podem afetar a motivação da criança e desestimulá-la: excesso de timidez, cansaço, dificuldade em adaptar-se às regras ou desvalorização de seu desempenho. Portanto, o educador tem de incentivar sempre o espírito coletivo, em que todos estão comprometidos com o mesmo objetivo e se fortalecem como grupo, buscando o verdadeiro sentido da cooperação.

Esse pode ser um dos grandes desafios em um mundo tão competitivo, que pode se refletir na agressividade durante os jogos. Você já deve ter percebido que, em uma cultura da "supervalorização dos ganhadores", muitas vezes limites físicos e éticos são ultrapassados e a busca pela premiação é mais valorizada do que a participação em si. Promove-se, portanto, a cultura da segregação e da exclusão, pois a equipe adversária é vista como inimiga e as relações nos jogos se refletem de forma negativa na vida real. O esperado é que a prática de jogos cooperativos promova exatamente o oposto. "Os jogos cooperativos têm como característica integrar todos, de modo a ninguém se sentir discriminado, colocando a cooperação em primeiro lugar, e não o desejo de vencer" (Marinho et al., 2012, p. 102). É importante caminhar na contramão das influências midiáticas presentes no caráter do jogo e promover aquilo que se espera dos jogos cooperativos no contexto escolar: valorização do outro, vínculos saudáveis, engajamento em equipe e solidariedade.

5.4
Jogos de construção: fábrica de brincadeiras

Nesta seção, exploraremos outro perfil que os jogos podem apresentar: o de construção.

> Quando você ouve a expressão *jogos de construção*, o que vem a sua mente? Parece remeter ao processo de construção de algo, certo? Mas construção de que exatamente?

Podemos abordar aqui os mais diversos conceitos de *construção* no campo da ludicidade, porém todos eles envolverão o ingrediente básico para a qualidade desse tipo de jogo: a **criatividade**. Uma das primeiras ideias de construção que podem ser abordadas na ludicidade remete a um tema já estudado no Capítulo 1: a transformação de materiais diversos em brinquedos. Como expusemos, algumas culturas têm o hábito de construir seus artefatos lúdicos utilizando materiais que a natureza oferece. Essa é uma tradição indígena que se perpetua em muitas tribos até hoje. Em contrapartida, na Idade Média europeia, por exemplo, as crianças eram tratadas como adultos em miniatura e não existia preocupação com a construção de brinquedos para elas. Uma das principais fontes de diversão – que, por sinal, eram raras – era o processo de imitação do adulto. Somente com as ideais iluministas na Idade Moderna europeia começou-se a pensar em artefatos destinados especialmente para as crianças, ainda com certas restrições.

A indústria de brinquedos se expandiu de forma extraordinária na metade do século XX e um grande mercado se abriu para o consumo de brinquedos cada vez mais resistentes e duradouros, cuja matéria-prima básica era o plástico. As crianças não precisavam mais confeccionar os próprios brinquedos, uma vez que eles já estavam prontos. Muitos modelos limitam consideravelmente o potencial criativo, fazendo da criança mais uma observadora do que uma participante da brincadeira pelas limitações que o brinquedo oferece. É por isso que muitas escolas valorizam a tradição da construção de brinquedos por meio de sucatas, um material acessível e que traz infinitas possibilidades. Machado (2007, p. 42) apresenta uma reflexão sobre o uso da sucata como um material rico a ser reaproveitado, evitando a poluição do meio ambiente:

> Por princípio a sucata traz consigo o elemento da transformação: é algo que passa a ser usado fora do seu habitual (um cabo de vassoura, sementes e caroços, um liquidificador quebrado, caixas de papelão...). Além disso a sucata é um brinquedo não estruturado em que é preciso haver ação da própria criança para que a brincadeira aconteça: "O que eu posso fazer com palitos de fósforos riscados?", ou... "O que uma concha do mar sugere?" – vem daí um mundo tirado do nada, como o mundo maravilhoso do menino impossível.

O uso de sucatas também pode ser associado à ideia dos jogos de fabricação proposta por Henri Wallon – a criança procura transformar, reunir e adaptar materiais para criar um novo objeto que se torna um instrumento para o faz de conta. Em muitos casos, esses brinquedos fabricados pelas crianças acabam virando peças de jogos de tabuleiros ou até mesmo de jogos inventados por elas mesmas.

Entre a confecção artesanal de brinquedos com sucata pelas crianças e a proposta consumista de brinquedos industrializados, encontramos um tipo de jogos e brinquedos que pode ser considerado um meio termo. Esse nicho de produção artesanal ou fabril tem uma característica que o difere da indústria tradicional de brinquedos: preocupa-se em criar jogos e brinquedos que permitam a construção simbólica e favoreçam o desenvolvimento infantil, incentivando a autonomia e o potencial criativo das crianças. Cória-Sabini e Lucena (2015, p. 44) ressaltam que "os jogos de construção, por sua vez, são de grande importância por enriquecer a experiência sensorial, estimular a criatividade e desenvolver habilidades. Construindo, transformando, destruindo, a criança expressa seu imaginário e sua afetividade e se desenvolve intelectualmente".

Hoje, um dos grandes exemplos de jogos de construção encontrados no comércio são os blocos de construção, de vários tamanhos e cores, que possibilitam à criança elaborar qualquer objeto ou cenário por meio da combinação de peças. Os brinquedos da marca LEGO® se popularizaram por um conceito de jogo baseado em peças soltas que se encaixam de diversas formas e estimulam a imaginação. A criança pode até ter uma ideia preconcebida sobre o que vai montar, mas precisa realizar algumas combinações, montar e desmontar para que chegue ao resultado esperado. As possibilidades de montagem são infinitas e conduzem a criança a um processo lógico de análise de probabilidades no qual não há as limitações de resultados certos ou errados.

E ainda há jogos e brincadeiras de construção que não dependem especialmente de objetos a serem construídos, mas se referem à construção de um novo conceito de jogo. Essa ideia é facilmente percebida nas dramatizações, em que a criança inventa seu jogo e suas brincadeiras com regras próprias, utilizando elementos do faz de conta. Nesses casos, o processo de elaboração e construção do jogo é muito mais valorizado do que o produto final. Esse processo é inédito até mesmo para a própria criança, pois apresenta situações que demandam improvisação ou mudança de estratégia durante o jogo a partir de novas informações. Sendo assim, o processo de construção ocorre durante a execução do próprio jogo. Quando as brincadeiras são realizadas em grupo, esse processo se torna complexo e é necessário estipular acordos, discutir propostas, avaliar decisões, saber ouvir, contra-argumentar e propor soluções para os problemas.

5.5
Jogos digitais e gamificação de conteúdos curriculares

Outro perfil bem diferenciado de jogo, mas que tem se popularizado progressivamente entre as crianças, são os jogos digitais. No final do século XX surgiu um novo conceito de ludicidade que transformou de forma irreversível nossa visão dos jogos. Essa nova era, com as novas tecnologias de informação e comunicação (TIC), possibilitaram que espaços públicos, instituições de ensino, comércio, indústria e residências assumissem, de forma progressiva, uma cultura basicamente digital, também denominada *cibercultura*. Mesmo que essa cultura digital ainda apresente limitações entre diferentes faixas etárias e classes sociais, é fato que as novas tecnologias já se tornaram uma inovação universal, criando uma cultura cibernética de consumo e modificando principalmente a maneira como nos relacionamos com as outras pessoas. A invenção do telefone já havia sido um marco no modo como nos comunicamos, mas a internet torna as relações humanas cada vez mais virtuais e diminui fronteiras ao mesmo tempo que nos afasta fisicamente.

Essas influências também mudaram a forma como adquirimos conhecimento. O acesso às informações, que antes da internet era mais limitado, agora está disponível pelos mais diversos meios de comunicação. No início da era da internet (conhecida como *Web 1.0*), consumíamos informações como nunca antes na história da humanidade. A partir da Web 2.0, passamos também a ser produtores de conteúdo informativo. Esse cenário aumentou em muito a demanda por uma mediação humana entre a informação e o conhecimento. Isso porque o excesso de informações produzidas, muitas vezes baseadas no senso comum e sem nenhum cunho científico, precisa de mediadores capacitados para avaliar o que é verdadeiro ou não, já que não existe um filtro para selecionar as informações. Sim, algumas verdades são subjetivas, contudo, hoje muitos fatos são representados como mera interpretação de pontos de vista.

Nossos comportamentos, nossa maneira de consumir, de nos vestir e até mesmo de brincar são reflexo dessa cibercultura, altamente globalizada. Como expusemos no Capítulo 1, a ludicidade sofreu fortes impactos com a cultura das novas tecnologias, com as quais os jogos virtuais e em rede passaram a ser muito mais frequentes que as brincadeiras ditas *tradicionais*. Isso significa que algumas tradições estão se perdendo? Sim, e isso acontece desde o início da história do homem, pois à medida que o conhecimento científico avança, mudam-se culturas e comportamentos. E é muito difícil reverter esse quadro, mas isso não significa que aquilo a que atribuímos valor não merece ser passado para as gerações futuras, como as cantigas de roda e os jogos de rua. É uma questão de resgate e de valorização cultural que, como já destacamos, representa enormes benefícios para o desenvolvimento cognitivo, psicológico, afetivo e motor das crianças.

Com relação aos jogos em rede, podemos verificar que, mesmo isoladas em seus dispositivos eletrônicos, as crianças frequentemente jogam em grupos virtuais. A vantagem desse tipo de relação é o estabelecimento de laços que seriam inviáveis presencialmente. Os espaços educacionais podem se aproveitar desses mecanismos tão sedutores para a nova geração e integrá-los a suas práticas pedagógicas. Os aspectos cognitivos podem ser explorados por meio de jogos de simulação e estratégia que exigem raciocínio rápido, análise de hipóteses e tomadas de decisão baseadas nas informações indicadas pelo jogo. O *Age of Empires* e o *Civilization*, por exemplo, são jogos de estratégia muito conhecidos entre os *gamers* (termo em inglês que designa os jogadores virtuais). Eles simulam cenários sobre fatos históricos, principalmente da era medieval, e problematizam algumas situações que levam o aluno a refletir e a testar hipóteses para resolver problemas e vencer no final. O *SimCity* é outro famoso jogo de simulação, porém com foco em aspectos geográficos, como urbanização, demografia e gerenciamento municipal (o jogador se torna o prefeito de uma cidade fictícia e deve resolver problemas administrativos, bem como realizar melhorias em sua cidade virtual). Apesar de esses jogos terem sido criados com objetivos primários de entretenimento, é possível utilizá-los como proposta educativa. Mendes e Grando (2006, p. 7) indicam que as intervenções pedagógicas podem ser realizadas por meio de "questionamentos e observações feitas pelo professor durante o jogo com o objetivo de fazer com que o aluno analise suas jogadas". É importante que a motivação dos alunos esteja voltada à busca de soluções para os problemas encontrados.

Alguns jogos com essas características demandam muito tempo para serem completados; por isso, são jogados por turnos. Outros não têm um final específico, nem mesmo vencedores, como o *SimCity*. Muitos jogos virtuais, no entanto, assim como os "reais", implicam emoções relacionadas a frustrações e conquistas que precisam, como já abordamos neste capítulo, ser trabalhadas. Os aspectos psicomotores não podem ser menosprezados, uma vez que os jogos digitais podem contribuir para elevar os índices de sedentarismo. Estimular o equilíbrio de atividades, portanto, é primordial. Manter esse equilíbrio, muitas vezes, é um desafio para a nova geração, que está imersa em conteúdos e jogos digitais. São, segundo o educador Marc Prensky (2001), os chamados *nativos digitais*, que eventualmente entram em conflito com os imigrantes digitais, a geração anterior à expansão das novas tecnologias.

Para Prensky (2001), os nativos digitais tendem a responder com mais desembaraço a tudo aquilo que é dinâmico, mutável e não segue uma linha de raciocínio linear. Na maior parte das vezes, no entanto, ainda são os imigrantes digitais que estabelecem as rotinas e os conteúdos escolares, restringindo aquilo que ainda não dominam. Assim, surgem dificuldades no momento de integrar os jogos digitais às práticas pedagógicas. Há educadores que consideram o uso de jogos uma perda de tempo, sem compreender que os jogos digitais podem ser veículos estratégicos para o trabalho com conteúdos curriculares.

Uma alternativa que tem se tornado muito frequente entre as TIC são os programas com conteúdos digitais e aplicativos educacionais que não são jogos, mas incorporam elementos pertencentes ao caráter lúdico dos jogos. Nesse contexto, não se pretende "ensinar com jogos ou através de jogos, mas usar elementos de jogos como forma de promover a motivação e o envolvimento dos alunos" (Simões et al., 2012, p. 2094). A essa estratégia dá-se o nome de **gamificação**. Segundo Navarro (2013, p. 8), a gamificação é compreendida como "a aplicação de elementos, mecanismos, dinâmicas e técnicas de jogos no contexto fora do jogo, ou seja, na realidade do dia a dia profissional, escolar e social do indivíduo".

O conceito de gamificação foi ganhando popularidade desde que Nick Pelling cunhou o termo em 2003 (Navarro, 2013). Hoje em dia, é comum encontrar programas que se baseiam em gamificação, como o *Duolingo*, um programa de ensino de línguas que oferece pontos para o usuário que realiza algumas traduções. Os estudantes também podem se desafiar num *ranking* comum em redes sociais. Outro exemplo com ampla utilização é o aplicativo *Waze*, um GPS que mapeia deslocamentos, gera mapas de tráfego e apresenta a quilometragem percorrida pelo usuário, que ganha pontos ao usar as diversas ferramentas disponíveis. São aplicativos muito utilizados no dia a dia e que podem trazer muito mais significado para o uso da gamificação nos espaços escolares.

A seguir, listamos alguns elementos de jogos que podem ser incorporados aos conteúdos escolares, possibilitando a integração com a ludicidade. Na eventual dificuldade em aplicar jogos educativos, elementos associados a jogos também podem oferecer um ambiente mais motivacional.

- **Competição:** A competição é uma unidade intrínseca aos jogos e nem sempre é fácil administrá-la. O professor deve incentivar os alunos a refletir sobre suas reações durante a competição. Nem sempre o melhor resultado é o fator que gerou mais aprendizagem. O que precisa ser valorizado é o prazer de competir, sem enaltecer excessivamente os vencedores.
- **Desafios:** Carolei (2012, p. 2705) enfatiza que "todo game é baseado em desafios e os participantes podem competir entre si ou colaborar para superá-los". O engajamento e a motivação são as bases para a superação dos desafios propostos. De acordo com Fardo (2013, p. 6),

  nos bons *games* os jogadores sempre encontram desafios no limite de suas habilidades. Proporcionar diferentes níveis de dificuldade para os desafios propostos pode auxiliar na construção de um senso de crescimento e avanço pessoal nos estudantes, e também faz com que cada um siga o seu próprio ritmo de aprendizagem.

- **Metas:** A meta gera motivação e garante que a atividade seja desafiadora. No entanto, Medina et al. (2013, p. 28) advertem:

  Não se deve confundir meta e objetivo, pois a primeira transcende a ideia de conclusão de uma tarefa, diferentemente do segundo. Cabe, então, frisar que a meta não é algo que se alcança sempre, podendo servir apenas como um propósito que o jogador persegue constantemente e que lhe concede um senso de orientação durante o jogo.

- **Níveis:** Os níveis de dificuldade se tornam estimulantes à proporção que o aluno avança nas fases. Esse avanço deve requisitar do aluno uma reflexão estratégica cada vez mais aprimorada.
- **Pontuação:** A pontuação é um dos elementos mais motivadores dos jogos, mas como a competição, deve ser objeto de reflexão crítica: "não há game sem algum tipo de quantificação ou pontuação. Mas uma pontuação não precisa ser redutora transformando toda atividade num número de forma indiscriminada" (Carolei, 2012, p. 2706).
- **Regras claras:** Nos capítulos anteriores, destacamos a importância das regras para a organização das atividades lúdicas. Todo jogo tem regras implícitas ou explícitas (Carolei, 2012), que servem como orientação para manter o equilíbrio e atingir as metas.

Esses elementos, quando utilizados com planejamento e articulados com a proposta pedagógica, podem despertar maior envolvimento do aluno. Sem dúvida, a adequação de jogos digitais e de elementos da gamificação – em conteúdos digitais ou não – requer planejamento, sensibilidade, orientação clara e determinação para que o verdadeiro objetivo, que é a aprendizagem formal, não seja menosprezado.

Síntese

Neste capítulo, abordamos a aplicação lúdica dos diversos tipos de jogos na educação e no cotidiano das crianças. Atualmente, os mais diversos tipos de jogos, incluindo os digitais, estão ganhando um espaço significativo nos ambientes escolares com o objetivo de auxiliar na aprendizagem.

Os jogos com regras propõem desafios diferentes para as crianças, pois estas determinam a identidade e as possibilidades oferecidas na prática lúdica. Para tanto, as regras devem ser discutidas e sugeridas para que a dinâmica do jogo seja desafiadora e a participação de todos seja respeitada.

Com relação aos jogos cooperativos, destacamos o quanto ajudam a desenvolver a capacidade de administrar conflitos e estabelecer vínculos sociais de parceria e respeito. É de suma importância não valorizar a competição em si, mas a contribuição e a participação de cada um.

Os jogos de construção permitem um trabalho diversificado, no qual é possível transformar materiais em objetos que serão utilizados nas brincadeiras e nos jogos, de acordo com o imaginário infantil.

Por fim, os jogos digitais, assim como as novas tecnologias, vêm se consolidando a cada dia e apresentam novos paradigmas para uma cultura digital irreversível.

Diante da nova forma como as pessoas aprendem e buscam informação, o professor precisa repensar seu papel de educador, que não comporta mais uma postura centralizada. Conhecer o que o mundo lúdico de jogos digitais oferece pode ser uma alternativa para resgatar a motivação dos alunos no processo de ensino e aprendizagem e diminuir consideravelmente o "abismo digital" entre as gerações. Elementos de gamificação também podem incrementar atividades curriculares, e já é possível encontrar conteúdos digitais que trazem essa característica como meio de integrar a ludicidade a tais atividades.

Indicações culturais

Livros

CORREIA, M. M. **Trabalhando com jogos cooperativos:** em busca de novos paradigmas na educação física. Campinas: Papirus, 2006.
Neste livro, o autor faz uma sugestão de como desenvolver, com alunos do ensino fundamental, ações que envolvem cooperação em uma perspectiva lúdica.

MACHADO, M. M. **O brinquedo-sucata e a criança:** a importância do brincar – atividades e materiais. 6. ed. São Paulo: Loyola, 2007.
Nessa obra, você encontra diversas sugestões de jogos e brincadeiras que podem ser construídos com recursos materiais como a sucata.

Vídeo

MATTAR, J. **Games e gamificação em educação.** Disponível em: <https://www.youtube.com/watch?v=YzAWCSvEJQI>. Acesso em: 12 abr. 2018.
Vídeo em que o professor João Mattar, coordenador do curso de pós-graduação *on-line* Inovação em Tecnologias Educacionais, discute o uso de *games* comerciais e educacionais na educação e explica como eles podem ser aliados da aprendizagem. Também apresenta sugestões de programas para que crianças criem suas próprias animações lúdicas.

Atividades de autoavaliação

1. Analise o seguinte trecho: "Durante muito tempo, a escola desprezou os jogos pelo caráter social de puro entretenimento, sem vínculo com a aprendizagem, mas principalmente pela associação ao vício e aos 'jogos de azar'. Os educadores temiam que o jogo pudesse ser uma influência negativa para as crianças, que desvirtuasse a personalidade e comprometesse a formação de uma boa índole." De acordo com essa afirmação, o uso dos jogos é desaconselhado no ambiente escolar quando:
   a) o professor observa as estratégias que os alunos utilizam para resolver problemas durante os jogos.
   b) o professor propõe ações pedagógicas que permitem discutir as ações realizadas durante o jogo.
   c) o professor limita o tempo dos jogos com objetivo de revisar ou aprofundar conteúdos didáticos, sem que fiquem prejudicadas outras atividades escolares.
   d) a escola tem uma grande quantidade de jogos que são utilizados durante um longo período do dia, como forma de entretenimento e aprendizado espontâneo.

2. O respeito às regras auxilia na formação de cidadãos conscientes e na convivência com os mais diversos grupos sociais. Analise as afirmativas a seguir, a respeito dos jogos de regras:
   I) Um jogo que tem uma lista numerosa e complexa de regras pode confundir as crianças; por isso,

as regras precisam ser apresentadas aos poucos, até que sejam assimiladas.

II) As regras precisam ser impostas pelos adultos, pois isso garante que as crianças se tornem cidadãos críticos.

III) A leitura das regras dos jogos deve ser feita pelo professor e elas devem ser seguidas sem nenhuma contestação por parte dos alunos, para garantir o bom desempenho do jogo.

IV) Mesmo que os alunos compreendam as regras do jogo, o professor não deve esperar que os resultados sempre correspondam a suas expectativas.

Estão corretas apenas as assertivas:

a) I, II e IV.
b) II e III.
c) II, III, IV.
d) I e IV.

3. É correto afirmar que os jogos cooperativos:
   a) devem ser sugeridos de modo que desenvolvam o espírito colaborativo, a socialização e o respeito.
   b) são realizados em grupos e neles as crianças executam atividades diferentes e independentes umas das outras.
   c) promovem a competição e buscam determinar quem são os alunos mais habilidosos.
   d) objetivam o contato com outras culturas de forma a estabelecer vínculos que são restritos aos espaços escolares.

4. Associe as colunas conforme as características de cada tipo de jogo:
   A) Jogos educativos
   B) Jogos de regras
   C) Jogos cooperativos
   D) Jogos de construção
   E) Jogos digitais

   ( ) Têm normas preestabelecidas para atingir os objetivos finais.
   ( ) Consistem em criar material próprio ou inventar os próprios jogos.
   ( ) Têm o objetivo de associar a ludicidade a conteúdos curriculares.
   ( ) Possibilitam conexão em rede e simulações virtuais.
   ( ) Têm como objetivo principal promover a socialização, o respeito e a colaboração.

   a) B, D, C, E, A.
   b) A, E, C, B, D.
   c) B, D, A, E, C.
   d) D, A, E, C, B.

5. Com base nas características dos elementos da gamificação, assinale V para as afirmativas verdadeiras e F para as falsas:
   ( ) A competição deve ser valorizada, porque os melhores alunos sempre vencem.
   ( ) Os desafios são dispensáveis, uma vez que promovem a competitividade exagerada.
   ( ) Metas e objetivos são conceitos diferentes.

( ) O avanço dos níveis deve permitir que o aluno aprimore suas estratégias.

Agora, marque a sequência correta:

a) V, F, V, F.
b) F, F, V, V.
c) V, V, F, F.
d) F, V, V, F.

Atividades de aprendizagem

Questões para reflexão

1. Há um estudo sobre classificação de gerações que as divide em: *baby boomers*, geração X, geração Y e geração Z. Esta última refere-se aos indivíduos que nasceram em um período permeado pela tecnologia, os nativos digitais, que têm muito mais facilidade em aprender por meio das novas tecnologias do que as gerações anteriores. Com esse contexto em mente, realize uma pesquisa sobre cada uma das gerações citadas e reflita sobre como os educadores que pertencem a gerações anteriores devem se preparar para inserir jogos digitais e conteúdos virtuais com elementos de gamificação em suas práticas pedagógicas.

2. Faça uma reflexão sobre em quais contextos cada um dos jogos apresentados neste capítulo podem ser aplicados na prática, com que objetivos e como desenvolver o processo avaliativo para verificar como foi a aprendizagem. Você pode se basear pelo quadro a seguir:

Jogos	Contexto	Objetivo	Avaliação
Educativos			
Regras			
Cooperativos			
De construção			
Digitais			

Atividade aplicada: prática

1. Um dos grandes desafios da escola é promover o letramento dos alunos com o propósito de desenvolver qualitativamente as habilidades de leitura, escrita e oralidade, bem como garantir índices satisfatórios no processo de aquisição de competências linguísticas. Ações pedagógicas que envolvem ludicidade podem ajudar nesse processo, uma vez que os jogos são naturalmente atrativos e promovem diversos desafios para a aprendizagem. Considerando esse contexto, elabore uma lista com jogos que possam ser utilizados como recurso para a alfabetização. Você pode pesquisar ou mesmo criar os jogos, e a lista deve conter os objetivos deles e o material necessário para confeccioná-los. Não se esqueça de usar a criatividade e a imaginação e procure diversificar, usando jogos educativos, cooperativos, de regras e de construção. Inclua na sua lista pelo menos dez jogos diferentes.

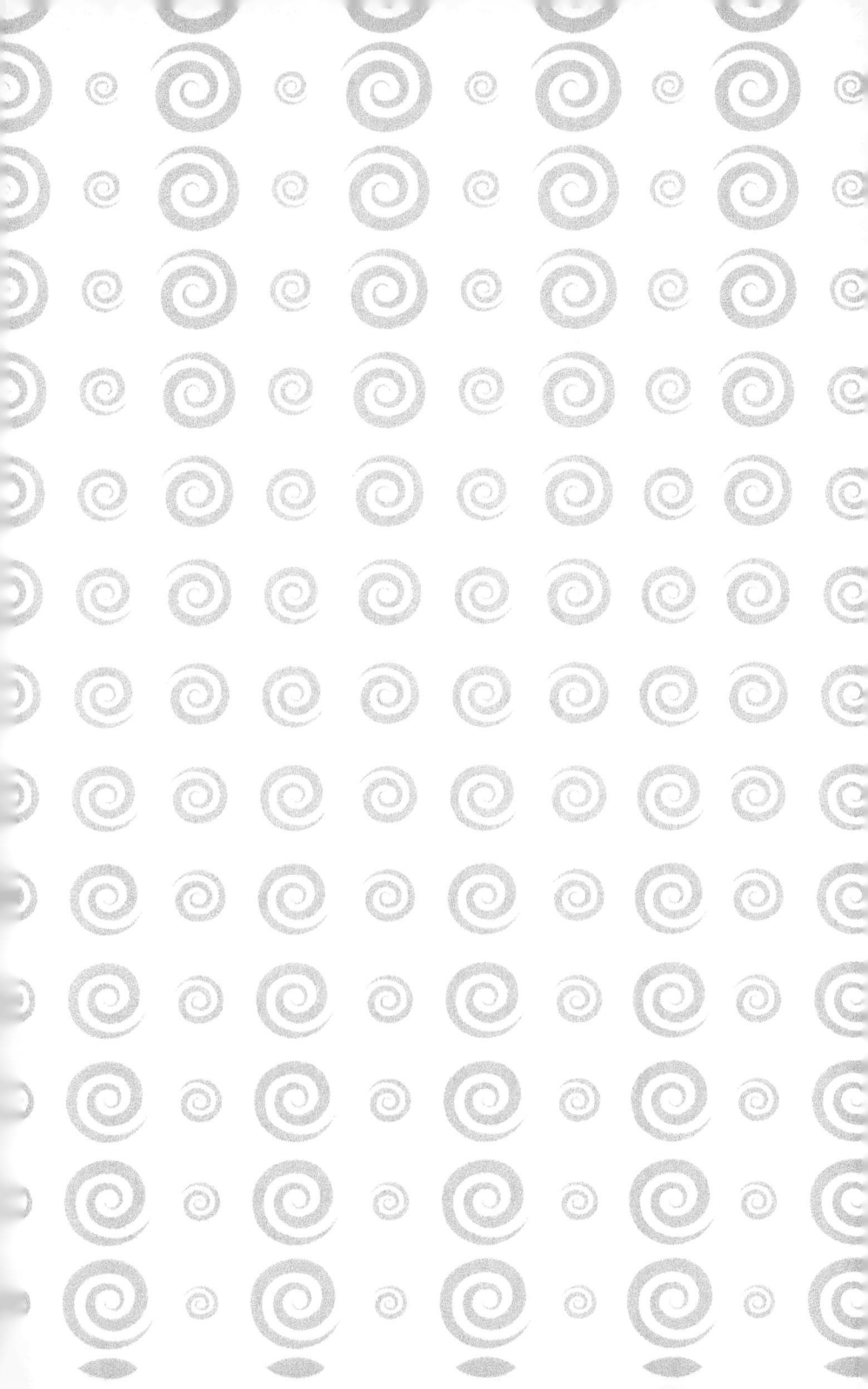

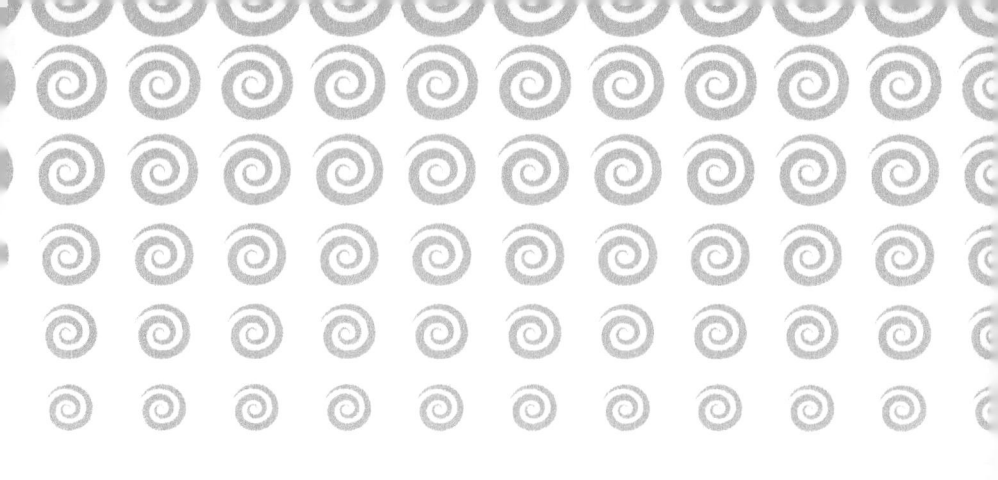

6
Espaços de lazer, cultura e movimento

Neste capítulo, exploramos contextos de ludicidade que não foram trabalhados em detalhe anteriormente. A música é um desses contextos, que desperta as mais variadas sensações, a afetividade e o movimento, principalmente quando aprendemos a apreciar e a respeitar os mais diversos gêneros musicais. Você vai conhecer os elementos musicais de forma dinâmica, para que possa mergulhar nesse mundo fascinante da produção musical. Da música, abrimos caminho para a dança como consciência e expressão corporal e analisamos como o movimento e o equilíbrio se integram nos espaços educativos. A abordagem sobre as artes visuais também merece destaque, como oportunidade para experiências que desenvolvem a imaginação e a criatividade por meio de atividades lúdicas. Por fim, você vai conhecer o grande potencial lúdico das brinquedotecas.

6.1
Brincadeiras musicais: Que música é esta?

Nos últimos anos, as instituições educacionais infantis têm dado muita atenção para a disponibilização de espaços lúdicos na escola. Infelizmente, o inverso também acontece: muitas instituições tiveram de ceder esses espaços para transformá-los em salas de aula quando o ensino fundamental de nove anos foi implementado. Há também situações em que os espaços estavam ociosos ou eram mal aproveitados, com o argumento da falta de tempo gerada pela necessidade de cumprir currículos. Porém, a necessidade de implementar espaços lúdicos diferentes da sala de aula vem sendo reconhecida graças a estudos sobre a importância desses espaços de lazer para brincadeiras (como a brinquedoteca) ou para a realização de atividades artísticas e culturais, como pintura, escultura e música. Não que a sala de aula não possa integrar essas atividades, mas normalmente os espaços próprios contam com materiais específicos que uma sala de aula não comportaria e ainda garantem maior liberdade de expressão e movimento. No decorrer deste capítulo, verificaremos como os espaços lúdicos podem contribuir para integrar diversas atividades artísticas e culturais com a aprendizagem. Nesse contexto, um dos atrativos tanto para crianças quanto para adultos é a **música**.

A música está presente, de alguma forma, na vida de todos. Até quando assoviamos produzimos música, ao mesmo tempo que exercitamos os músculos da face. Na maior parte das vezes, a criança tem o primeiro contato direto com a música com as cantigas de ninar, cantadas especialmente para ela. Com o passar do tempo, ela aprende a cantarolar e a apreciar alguns tipos de música. Pode até se profissionalizar – por meio do canto ou tocando algum instrumento – ou tornar a música um *hobby* em sua vida. Tudo vai depender das experiências que ela tiver ao longo da vida.

A qualidade de uma música depende de vários fatores, entre eles a combinação harmônica dos sons dos instrumentos, uma voz agradável ou uma composição envolvente A música pode despertar emoções diversas tanto pela letra quanto pelo som instrumental. Ela pode provocar sensações de euforia, alegria e até mesmo saudade. Muitas culturas têm na música parte de sua identidade, associada a instrumentos e danças típicas. De acordo com o Referencial Curricular para a Educação Infantil (RCNEI):

> A música é a linguagem que se traduz em formas sonoras capazes de expressar e comunicar sensações, sentimentos e pensamentos, por meio da organização e relacionamento expressivo entre o som e o silêncio. A música está presente em todas as culturas, nas mais diversas situações: festas e comemorações, rituais religiosos, manifestações cívicas, políticas etc. Faz parte da educação desde há muito tempo, sendo que, já

na Grécia antiga, era considerada como fundamental para a formação dos futuros cidadãos, ao lado da matemática e da filosofia. (Brasil, 1998c, p. 45)

Assim, observamos que a música não pode ser apartada dos contextos escolares. Com frequência, as escolas priorizam conteúdo científico quando, na verdade, já se sabe que a inteligência pode se manifestar de diversas formas. O psicólogo Howard Gardner, com sua teoria das inteligências múltiplas, apresentou pelo menos oito tipos, incluindo a inteligência musical. Aos poucos, o ensino de música, antes restrito às escolas especializadas, ganha mais espaço nas escolas regulares. É muito comum vermos, principalmente na educação infantil, as crianças participando de cantigas de roda e construindo instrumentos musicais com sucata. No ensino fundamental, infelizmente, a música acaba se restringindo a cantar o Hino Nacional, mas o trabalho com música na escola vai muito além disso.

Em 18 de agosto de 2008, foi sancionada a Lei n. 11.769 (Brasil, 2008), que determina a obrigatoriedade do ensino de música em toda a educação básica, tanto em escolas públicas quanto particulares. As escolas podem escolher como trabalhar com a música, por meio da interdisciplinaridade, da transversalidade, da pedagogia de projetos ou como disciplina. De certa forma, a lei causou furor entre os educadores, uma vez que exige muito mais do que usar cantigas ou confeccionar instrumentos. É preciso conhecer certas técnicas de ritmo, timbres e notas, que não estão previstos na graduação mínima do professor. Nesse sentido, ressaltamos a importância da formação docente continuada, contemplando o trabalho qualitativo com a música, de forma que se efetivem os objetivos de integrá-la à aquisição de conhecimentos, ao desenvolvimento afetivo e à criatividade.

Para que o ensino de música tenha significado para o aluno, é fundamental que o planejamento não se limite a uma proposta mecânica, baseada puramente na memorização. A produção musical deve levar à plenitude tanto para quem cria quanto para quem aprecia. Deve envolver aspectos cognitivos, afetivos e psicomotores. Portanto, deve ter um caráter lúdico, despertando tanto prazer quanto um jogo despertaria.

> Devemos, então, nos aprofundar nas especificidades do ensino da música como se fôssemos incentivar a formação musical? As cantigas e a confecção de instrumentos devem ser abandonadas?

Em verdade, é essencial que educadores desenvolvam o gosto e a sensibilidade para a música. Diz um ditado popular que "ninguém pode dar aquilo que não tem", e esse pensamento é muito pertinente quando falamos de *educação musical*. Quem não gosta de música terá grandes dificuldades para despertar o gosto musical no outro; quem não tem a habilidade de discriminar sons nem a paciência para ouvir e perceber o silêncio terá grandes dificuldades ao tentar desenvolver essa habilidade nos alunos. A ideia, portanto, não é focar a formação musical profissional dos alunos, mas fazê-los perceber que essa habilidade pode, sim, ser desenvolvida, que o gosto pela música pode ser apurado, que existem diferentes ritmos e que há uma harmonia entre as notas musicais. Essas competências estão presentes na inteligência musical, o que não significa que as cantigas e os sons produzidos pelos instrumentos musicais confeccionados pelas crianças não estejam. Pelo contrário: o RCNEI ressalta a importância de manter essa prática presente nas atividades escolares da educação infantil:

> A atividade de construção de instrumentos é de grande importância e por isso poderá justificar a organização de um momento específico na rotina, comumente denominado de oficina. Além de contribuir para o entendimento de questões elementares referentes à produção do som e suas qualidades, estimula a pesquisa, a imaginação e a capacidade criativa. (Brasil, 1998c, p. 69)

Os diversos instrumentos estão atrelados aos aspectos culturais de cada sociedade. "Nesses contextos, as crianças entram em contato com a cultura musical desde muito cedo e assim começam a aprender suas tradições musicais" (Brasil, 1998c, p. 47). As cantigas de roda também carregam consigo muitos elementos culturais e sociais que podem ser analisados com as crianças. Cantigas como *Atirei o pau no gato*, *Samba Lelê* e *O Cravo brigou com a Rosa* são muito comuns no repertório infantil e nos fazem refletir sobre como devemos lidar com a agressividade. É muito melhor conversar com as crianças sobre esses sentimentos de raiva e frustração do que simplesmente ignorá-los.

Diversos jogos e brincadeiras também são musicados, tornando sua prática mais divertida: dança das cadeiras; cabeça, ombro, joelho e pé; escravos de Jó (para trabalhar lateralidade); bom barqueiro, se você está contente, entre outras. A famosa brincadeira de estátua, quando as crianças precisam ficar imóveis ao parar a música, ensina a prestar atenção, se concentrar e se disciplinar para ganhar o jogo. É interessante realizar uma conversa posterior com as crianças sobre como perceberam o silêncio e que sensações ele causa nelas.

As brincadeiras musicais estimulam as crianças a cantar, permitindo quebrar algumas barreiras da timidez. Zagonel (2012, p. 18) explica que "a voz é o instrumento musical nato do ser humano" e, portanto, o canto pode ser explorado amplamente pelos educadores, sem princípios julgadores, para que as crianças se sintam livres para cantar. Montar um coral, para que elas aprendam a cantar juntas melodicamente, pode render uma apresentação cativante para os pais e responsáveis em algum evento da escola.

Outra prática muito interessante, mas pouco explorada pelas instituições de ensino, são as composições musicais, em que a criança pode escrever algumas frases e transformá-las em música, aplicando a elas um ritmo. Logicamente, é um processo bastante simplificado em relação a uma composição profissional, mas pode ser uma forma lúdica de produção textual baseada em versos e rimas e com um refrão que tem de ser repetido na composição. O RCNEI apresenta uma proposta bastante interessante para essa atividade:

> O professor pode estimular a criação de pequenas canções, em geral estruturadas, tendo por base a experiência musical que as crianças vêm acumulando. Trabalhar com rimas, por exemplo, é interessante e envolvente. As crianças podem criar pequenas canções fazendo rimas com seus próprios nomes e dos colegas, com nomes de frutas, cores etc. Assuntos e acontecimentos vivenciados no dia a dia também podem ser temas para novas canções. O professor deve observar o que e como cantam as crianças, tentando aproximar-se, ao máximo,

de sua intenção musical. Muitas vezes, as linhas melódicas criadas contam com apenas dois ou três sons diferentes, em sintonia com a percepção, experiência e modo de expressar infantis. (Brasil, 1998c, p. 62)

Outra versão dessa possibilidade pode ser o trabalho com a improvisação. Segundo Zagonel (2012, p. 19), "a improvisação acontece quando criamos ou modificamos uma música enquanto ela está acontecendo, ou seja, de modo espontâneo, durante a interpretação musical". Essa pode ser uma forma bastante divertida e desafiadora de estimular a criatividade.

Quanto mais gêneros musicais diferentes a criança conhecer, mais elementos ela terá para criar composições. A música brasileira, por exemplo, é rica em gêneros que podem ser trabalhados de forma interdisciplinar com história e geografia, mediante a pesquisa de suas diferentes origens. A seguir, observe alguns gêneros que merecem uma pesquisa mais aprofundada para serem explorados com as crianças:

- MPB (música popular brasileira);
- bossa nova;
- samba;
- sertanejo;
- *rock-and-roll*;
- clássica e instrumental;
- forró;
- gauchesca;
- carimbó;
- ópera;
- músicas tradicionais de outras nações e línguas; entre muitas outras.

Ter contato com diversos estilos permite também conhecer e respeitar diversas culturas. A música promove um canal aberto para as emoções e o conhecimento; além disso, pode ser uma excelente estratégia para promover a inclusão, porque envolve experiências sensoriais, como a audição, e estimula movimentos corporais, como a dança. A música também instiga a memória, quando, por exemplo, ao ouvir uma palavra as crianças são incentivadas a se lembrar de uma música que a contenha. Pode até mesmo servir de inspiração para desenhar: a música *Aquarela*, de Toquinho, já serviu para o mercado publicitário como um estímulo que associa cores, formas e som. E você? Que outras músicas ou compositores conhece que podem enriquecer suas aulas?

6.2
Ritmo e batidas musicais

Há quem diga que a música é para poucos, mas, na verdade, as músicas se originam de sons produzidos pelo homem com os mais diversos materiais. É possível também perceber a musicalidade no canto dos pássaros, no barulho da água ou do vento. Portanto, produzir música é algo que todos podem fazer. Ter sensibilidade musical e conhecer as técnicas pode ajudar a se especializar no assunto e o treino pode levar à profissionalização musical, pois há uma combinação de fatores que ajudam a produzir infinitas probabilidades de músicas diferentes, e isso requer estudo e dedicação. Um bom começo é conhecer algumas palavras do jargão musical, entender como esses elementos funcionam e aprender a discriminar sons, pois isso ajuda a aprimorar o gosto pela musicalidade, além de desenvolver a inteligência musical.

O primeiro passo para que as crianças aprendam a valorizar a boa música é simplesmente aprender a ouvir os sons da natureza. Estamos tão acostumados a priorizar os elementos visuais que às vezes não prestamos atenção nos sons a nossa volta. Será que é possível ouvir o vento? Que barulho faz a chuva com trovoadas? E qual é o som das folhas das árvores batendo umas nas outras? Esses são alguns dos questionamentos que podem ser feitos às crianças para que elas fechem os olhinhos para ouvir ou imaginar. Quando elas tentam reproduzir as onomatopeias conhecidas, há indícios de que conseguem fazer boas associações com os sons. É interessante chamar a atenção delas para o fato de que cada espaço tem sons próprios e elas podem imitar ou associar a imagem com o som produzido em cada um deles. Por exemplo, quais são os sons produzidos no circo? E na praia? Como fazem os animais na fazenda? E no zoológico?

Perceba que a introdução musical não precisa ser necessariamente iniciada com instrumentos musicais. Aprender a perceber e a discriminar sons naturais daqueles produzidos pelas pessoas usando diversos instrumentos também é importante. Nessa categoria, é possível explorar os sons dos meios de transporte e pedir às crianças que imitem o som do carro, do trem, do avião, do navio. Na sequência, pode-se perguntar por que elas acham que os barulhos são diferentes. Vale explorar também os sons de eletrodomésticos, telefones, impressoras, rádio e televisão. Se for possível levar até elas diversos equipamentos que produzam sons diferentes – até mesmo os antigos, que não fazem parte do cotidiano das crianças –, elas já começarão a entender que existem sons mais graves e agudos, fortes e fracos, curtos e longos, mesmo sem ter ainda conhecido os instrumentos musicais.

Somente apresentar os elementos musicais sem que as crianças percebam essas nuances do dia a dia pode tornar o ensino da música mecânico e sem sentido. Contextualizar com base no que elas já conhecem e contextualizar os sons para depois trabalhar outros elementos que fazem parte do mundo da música podem ser pré-requisitos significativos para elas caso venham a aprender a tocar um instrumento. Vygotsky (1984, p. 70) afirma que no "processo de desenvolvimento de uma habilidade técnica, como, por exemplo, o tocar piano: o aluno desenvolve a destreza de seus dedos e aprende quais teclas deve tocar ao mesmo tempo que lê a partitura; no entanto, ele não está, de forma nenhuma, envolvido na essência da própria música".

Esse envolvimento precisa acontecer durante todo o processo de familiarização com os elementos musicais. Portanto, em um segundo momento, as crianças podem experimentar diversos contextos de ritmar batidas musicais, primeiramente fazendo uma batucada com o próprio corpo – por exemplo, batendo palmas – e, em seguida, produzindo sons com variados objetos: panelas, colheres, tampinhas de garrafa. Tudo isso pode aos poucos se transformar em instrumentos musicais simplificados, fabricados com sucata. Trabalhar o ritmo é fundamental para que a criança não faça apenas barulho e que seus movimentos tenham certa musicalidade. Com todos seguindo o mesmo compasso, mantendo a constância dos intervalos, pode surgir uma bandinha, uma atividade extremamente lúdica.

Tomando como base os instrumentos musicais que os alunos já conhecem ou mesmo que já fabricaram com sucata, o professor pode apresentar outros e também classificá-los, conforme os listamos a seguir:

- **Cordas**: Estão entre os mais populares no cotidiano infantil. Exemplos: piano, violão, guitarra, baixo, berimbau, viola, harpa, bandolim.
- **Percussão**: Alguns exemplos são o pandeiro, a bateria, o tamborim, o xilofone, o triângulo, o agogô, o afoxé e os pratos. Estão amplamente presentes na história da música brasileira e têm forte influência em nossa cultura. Segundo Loureiro (2016, p. 46), "chegando ao Brasil como escravos, os negros trouxeram consigo instrumentos de percussão como o ganzá, a cuíca, o atabaque, porém cantavam e dançavam embebidos pelos sons e ritmos de sua pátria distante". A combinação ritmada desses instrumentos, associada às danças típicas africanas, também faz parte de nossa identidade cultural. "Dessa forma, das melodias curtas, do ritmo bem marcado, em que a palavra e a dança se misturam a vários instrumentos de percussão, surge o 'samba', dança originariamente africana" (Loureiro, 2016, p. 46).
- **Sopro**: São instrumentos que exigem o domínio do ato de soprar e a habilidade dos dedos. Exemplos: saxofone, tuba, trompete, flauta, trombone.

Apresentar alguns sons produzidos por esses instrumentos e ajudar a identificá-los permite à criança conhecer as inúmeras probabilidades de criar sons. Há muitos pianos de brinquedo no mercado, com botões que executam os mais diversos sons de instrumentos. Não são os melhores exemplares, mas muitas crianças têm, em casa, seu primeiro contato com instrumentos por meio desses brinquedos, que também podem ser explorados.

Quando os educadores têm a oportunidade de levar alguns instrumentos para a escola, geralmente acabam aguçando naturalmente a curiosidade das crianças em explorar os objetos. Dar oportunidade para que os toquem livremente – tomando bastante cuidado quando se tratar de um instrumento profissional – oferece aos pequenos a chance de vivenciar a música em sua plenitude. Caso não seja possível, é preciso encontrar outras formas de apresentá-los, seja em vídeos, seja em áudios associados a imagens. Cantar com as crianças, imitando o som dos instrumentos, também é uma forma de associá-los mais facilmente. Um exemplo é a música *Loja do Mestre André*, que estimula a memória e favorece a aprendizagem pela ludicidade.

Assim, ficará mais fácil explorar os termos técnicos dos elementos musicais já trabalhados nas fontes sonoras cotidianas:

- **Altura**: Não está relacionada ao volume do som, mas à característica de grave ou agudo. Podemos perceber pelo som da voz ou pelo som emitido pelos animais quais são os mais graves (leão, por exemplo) e os mais agudos (pássaros, por exemplo). Como são elementos mais difíceis de perceber, é necessário fazer algumas analogias, conforme sugestão de Moura, Boscardin e Zagonel (2012, p. 34):

    > Sabemos que, na realidade física, o som não tem as propriedades de subir ou descer, uma vez que é a frequência das ondas sonoras que determina sua altura. Entretanto,

esses conceitos são muito complexos para o entendimento da criança e não contribuem para o desenvolvimento da percepção auditiva. Assim, adotamos a analogia usual que relaciona a passagem do som grave para o agudo com o ato de subir e a do agudo para o grave com o de descer. Aliás, a escrita musical tradicional utiliza esse mesmo princípio, ou seja, na pauta, um som mais grave vem escrito abaixo de um agudo.

- **Intensidade**: Forte ou fraco. Sons fortes estão muitas vezes associados ao barulho que gera desconforto e até medo, como sirene de ambulância, rugido do leão ou do elefante. Uma brincadeira interessante para perceber a intensidade de um som é associar um objeto escondido na sala com o bater palmas, por exemplo. Nesse caso, a ludicidade também está presente em forma de jogo – uma criança deve procurar um objeto escondido pela turma e terá como pista a batida de palmas (fraca quando a criança estiver longe do objeto ou mais intensa à medida que se aproxima do objeto). Observe que aqui as crianças é que controlam a intensidade do som e do movimento.
- **Duração**: Curto ou longo. Esse conceito talvez seja um dos mais fáceis de associar, pois, além dos sons dos animais, pode ser percebido quando cantamos algumas partes mais longas de uma música.

O estudo dos elementos musicais pode ser aprimorado por meio de conceitos como timbre, acento e compasso. O conceito de **timbre** é compreendido mais facilmente quando a criança aprende a discriminar sons do seu cotidiano. Moura, Boscardin e Zagonel (2012, p. 30) esclarecem que:

> a identificação da voz dos colegas, dos sons característicos de objetos existentes na sala de aula ou de instrumentos musicais compõe as atividades com essa nova finalidade. A criança aprende pela vivência o que é a qualidade do som denominada de timbre, sendo-lhe possível diferenciar pela audição um instrumento musical de outro ou a voz de uma pessoa de outra.

Em uma banda, para que todos toquem seus instrumentos harmoniosamente, é necessário que estejam no mesmo compasso. Moura, Boscardin e Zagonel (2012) explicam que o conceito de **acento** no contexto musical relaciona-se à pulsação, criando uma fórmula que determina como o compasso estará dividido.

> Para chegarmos à noção teórica de compasso e fórmula de compasso, partimos da identificação, pela percepção auditiva, do acento em canções folclóricas conhecidas. Ao cantar, a criança sente os pulsos de apoio, marcando-os com movimentos corporais, como flexões do tronco ou balanço dos braços. Assim, aprende que, quando os acentos se dão de dois em dois pulsos, tem-se o ritmo binário; quando de três em três, o ternário; quando de quatro em quatro, o quaternário. (Moura; Boscardin; Zagonel, 2012, p. 70)

Por fim, é importante que as crianças saibam que algumas composições musicais são registradas em partituras, para que outras pessoas possam reproduzir da forma mais fiel possível uma música já criada. É como escrever uma história contada oralmente para que seus elementos e sua sequência não sejam esquecidos. Segundo Zagonel (2012, p. 24):

> A partitura é, para a música, o que o livro é para a literatura. [...] esse texto musical grafado, estruturado e repleto de indicações, dará as coordenadas para o intérprete tocar uma música de maneira mais próxima possível daquilo que foi idealizado pelo compositor. A partitura é a música escrita.

Atividades realizadas em grupos também permitem que as crianças prestem auxílio umas às outras quanto aos desafios à percepção auditiva. Não é preciso que a criança seja formada tecnicamente em música, apenas que receba algumas orientações que ajudem no desenvolvimento da concentração, da percepção e, principalmente, na capacidade de ouvir e de atentar aos sons. Se ela se interessar pelo ensino técnico de música ou desejar tocar um instrumento musical, isso pode ser considerado uma grande vitória.

6.3
Corpo, dança e equilíbrio: Vamos nos mexer?

No Capítulo 4, destacamos o quanto o movimento associado à psicomotricidade contribui para o desenvolvimento psicossocial da criança. Esse é apenas um dos aspectos lúdicos que podem ser considerados nos espaços escolares, e o movimento não implica apenas atividades realizadas nas aulas de educação física. Quando associamos o movimento à música, por exemplo, podemos seguir rumo a novas experiências lúdicas que levam à plenitude, e a dança é uma delas.

Muitos bebês, antes de completar um ano de idade, já desenvolvem a capacidade de se remexer ritmicamente ao som de uma música. Aos poucos, os movimentos se tornam mais coordenados e muitos aprendem a dançar imitando os gestos dos adultos. Conforme os Parâmetros Curriculares Nacionais (PCN):

> A arte da dança faz parte das culturas humanas e sempre integrou o trabalho, as religiões e as atividades de lazer. Os povos sempre privilegiaram a dança, sendo esta um bem cultural e uma atividade inerente à natureza do homem.
>
> Toda ação humana envolve a atividade corporal. A criança é um ser em constante mobilidade e utiliza-se dela para buscar conhecimento de si mesma e daquilo que a rodeia, relacionando-se com objetos e pessoas. A ação física é necessária para que a criança harmonize de maneira integradora as potencialidades motoras, afetivas e cognitivas. (Brasil, 1997a, p. 49)

Como podemos observar, a dança é uma ação que envolve afetividade e está intimamente ligada à inteligência quando, a partir dela, a criança busca o domínio do próprio corpo e a autonomia. "Esses conhecimentos devem ser articulados com a percepção do espaço, peso e tempo. A dança é uma forma de integração e expressão tanto individual quanto coletiva, em que o aluno exercita a atenção, a percepção, a colaboração e a solidariedade" (Brasil, 1997a, p. 49).

A dança também é uma forma de expressão cultural, uma vez que se caracteriza pelas mais diferentes formas e funções, dependendo do contexto social. Para algumas culturas, serve como ritual de iniciação ou de cura. Para outras, é uma prática religiosa. Para outras ainda, é um meio de comunicação.

Por isso, muitos eventos e festividades têm na dança uma de suas expressões de cultura, caracterizada pelos mais diversos movimentos e trajes típicos. Apreciar a beleza das danças típicas implica respeito à diversidade cultural e desenvolvimento da sensibilidade artística.

A escola é, portanto, um espaço relevante para o desenvolvimento da linguagem da dança como elemento primordial para o desenvolvimento infantil. Infelizmente, é comum a dança ficar restrita aos eventos de encerramento do ano, sendo os últimos meses destinados ao treinamento de coreografias padronizadas pela mídia e sem sentido para as crianças. A dança, na escola, precisa ir muito além disso. De acordo com o RCNEI:

> É muito importante brincar, dançar e cantar com as crianças, levando em conta suas necessidades de contato corporal e vínculos afetivos. Deve-se cuidar para que os jogos e brinquedos não estimulem a imitação gestual mecânica e estereotipada que, muitas vezes, se apresenta como modelo às crianças. (Brasil, 1998c, p. 59)

A escola deve pesquisar e explorar os mais diversos exemplos culturais de dança e música, trazendo elementos significativos que podem ser apropriados por meio da liberdade de movimentos. As danças folclóricas, indígenas ou até mesmo internacionais contam também a história de vida de uma sociedade ou de uma nação e carregam consigo contextos que podem ser trabalhados de forma inter ou transdisciplinar. A criança pode ser protagonista na criação e na apresentação de movimentos para os colegas estimulando a expressão corporal e a criatividade. Para isso, o movimento livre sem julgamentos de valor precisa ser respeitado, a fim de evitar situações em que a criança fique inibida ou envergonhada ao representar um movimento espontâneo.

Quando as instituições de ensino decidem integrar a dança em suas atividades, precisam refletir sobre o planejamento de espaços adequados para esse fim. A segurança deve ser sempre prioridade, uma vez que muitas atividades corporais demandam agilidade e equilíbrio. Um espaço amplo e seguro para que as crianças possam se movimentar sem se colidirem, é fundamental para o desenvolvimento do domínio corporal.

São muitas as possibilidades de trabalhar a linguagem corporal por meio da dança. Mais importante é que sejam ações planejadas e não aplicadas de forma aleatória. Camargo e Santa Clara (2015, p. 286) enfatizam que "a dança deve ser tratada como conteúdo e necessita ser pensada, estruturada e encarada com uma ação pedagógica adequada". Requer, portanto, pesquisas de contextos históricos e culturais, elementos típicos e expressão individual ou coletiva dos movimentos. A dança individual é uma prática tentadora, mas não deve ser a única. A dança em duplas ou coletiva pode ser uma tarefa desafiadora e, ao mesmo tempo, divertida, pois demanda o desenvolvimento gradativo de diversas habilidades, como integração social, coordenação motora, cálculo do tempo e sincronia de movimentos. Essa atividade, desde que respeitados os limites das crianças, pode envolver também diversos materiais, como bambolês, chapéus, fitas, bolas e até mesmo instrumentos de percussão. A seguir, listamos alguns tipos de danças que podem ser explorados nos espaços escolares por meio da ludicidade:

- frevo;
- lambada;
- *hip-hop*;
- valsa;
- capoeira;
- forró;
- bumba meu boi;
- carimbó;
- samba;
- polca;
- caxambu;
- vaneirão;
- tango;
- tarantela;
- flamenco;
- dança do ventre.

A quadrilha é uma dança típica presente nas festas juninas de escolas em todo o país. Há uma variação regional que se estabelece nas danças juninas, razão pela qual é interessante fazer uma pesquisa sobre as diversas maneiras de dançar quadrilha (caminho da roça, túnel, balancê, caracol, despedida), abordando a origem dessa dança típica e os instrumentos musicais popularmente utilizados.

Independentemente da estratégia utilizada ou adaptada para o ensino de dança nos planejamentos pedagógicos, é sempre importante promover uma roda de conversa ou discussão posterior, que pode ter maior nível de aprofundamento com as crianças maiores. Esse debate pode envolver análise de vídeos, preferências, níveis de dificuldade dos movimentos, ritmos com os quais as crianças se identificam, grau de integração e socialização, entre outras questões, com base na reflexão e na apreciação dessa valorosa arte.

6.4
Artes visuais e manifestações culturais

Tanto o movimento quanto a música e a arte são linguagens por meio das quais a criança inicia seu diálogo com o mundo. Inicialmente por gestos e, depois, pelas cantigas de ninar ou de roda, ou até mesmo pelos primeiros rabiscos, a criança constrói e interpreta sua visão de mundo. A música é uma arte experimentada pela audição, e o movimento e a dança, pelas expressões corporais, como já explicitamos neste capítulo. Vale, então, detalharmos como integrar a ludicidade com as artes visuais.

Conforme o RCNEI:

> As Artes Visuais estão presentes no cotidiano da vida infantil. Ao rabiscar e desenhar no chão, na areia e nos muros, ao utilizar materiais encontrados ao acaso (gravetos, pedras, carvão), ao pintar os objetos e até mesmo seu próprio corpo, a criança pode utilizar-se das Artes Visuais para expressar experiências sensíveis. (Brasil, 1998c, p. 85)

No art. 26 da Lei de Diretrizes e Bases da Educação (LDB) – Lei n. 9.394, de 20 de dezembro de 1996 – consta que "o ensino da arte, especialmente em suas expressões regionais, constituirá componente curricular obrigatório da educação básica" (Brasil, 1996). Sendo obrigatório o ensino da arte, as instituições de ensino precisam propor atividades artísticas que favoreçam a aprendizagem significativa, integrando-as à expressão cultural e incentivando a criatividade. Isso, porém, não é o que comumente encontramos nos espaços escolares: "Em muitas propostas as práticas de Artes Visuais são entendidas apenas como meros passatempos em que atividades de desenhar, colar, pintar e modelar com argila ou massinha são destituídas de significados" (Brasil, 1998c, p. 87).

Observamos claramente no cotidiano escolar das crianças que, mesmo nesse contexto de insuficiência, as artes visuais estão muito mais presentes na educação infantil, declinando progressivamente à medida que as crianças avançam para o ensino fundamental e médio. Nessas fases, os aspectos cognitivos e científicos são apontados como mais relevantes e, ao chegar ao ensino médio, os alunos se concentram nos conteúdos indicados pelas bancas de vestibulares e áreas exigidas pelo Exame Nacional do Ensino Médio (Enem). O aluno chega então à fase adulta com dificuldades em interpretar imagens e valorizar expressões artísticas, carente de sensibilidade e criatividade imaginativa. Há uma ideia equivocada quanto à exigência do predomínio do raciocínio lógico no mercado de trabalho; na verdade, a tendência é buscar mais profissionais com domínios criativos e artísticos em um mercado crescente de *marketing* digital e *design* gráfico. Um ensino de artes mecânico, imitativo e estereotipado não levará ninguém a lugar nenhum.

Contudo, o que frequentemente observamos nos espaços escolares é uma adequação lógica para uma manifestação artística. A pintura e o desenho são os primeiros movimentos artísticos que a criança experimenta na escola. Quando essas ações artísticas são limitadas para seguir uma lógica imposta pelo adulto, o primeiro laço de desenvolvimento da criatividade e da imaginação é cortado. Um exemplo dessa afirmação pode ser o seguinte:

> Uma professora de educação infantil pediu às crianças que colorissem uma figura para uma exposição de artes destinada aos pais e responsáveis. Ao perceber que um dos alunos pintava o sol de azul, a professora falou: "Você não pode pintar o sol de azul, a cor do sol é amarela! Pinte o sol de amarelo, pois o que você acha que seu pai vai pensar quando ver seu desenho? Vai pensar que você não conhece as cores". O menino continuou pintando o sol de azul como se não tivesse ouvido.

O que fica explícito nesse exemplo é uma imposição lógica de fazer o que a professora considera correto. Essa professora ainda não entendeu que a arte é uma expressão subjetiva, que nem sempre precisa refletir a realidade, como nas ciências exatas. E ela também não estava com a razão, pois a cor do Sol parece amarela por uma ilusão de ótica, na verdade a luz emitida pelo astro é branca.

Outro exemplo de como as artes não expressam, necessariamente, a realidade está nos desenhos que as crianças às vezes recebem para colorir, exemplares do antropomorfismo. É habitual encontrarmos figuras como flores, árvores, sol e até objetos do cotidiano com olhos e bocas, com feições humanas, como se tivessem ganhado vida. Vianna (2012, p. 45) ressalta a frequência desse tipo de desenho, principalmente na educação infantil: "não nos cabe aqui julgar o mérito ou não do antropomorfismo em si. Creio que o nosso papel é mais o de constatar o fenômeno, tão difundido na imageria infantil e escolar. Há muito se convencionou que imagens para crianças devem ter animais, plantas e objetos antropomorfizados". Portanto, há uma incoerência em exigir uma reprodução, mesmo que simplista, da realidade.

O **antropomorfismo**, é importante frisar, não deve ser priorizado em relação às outras oportunidades de experimentar a pintura e o desenho. Esses exemplos limitam as possibilidades que as artes visuais representam para o contexto pedagógico, demonstrando uma desconexão com o verdadeiro sentido das manifestações artísticas. Ainda há uma deficiência em integrar essas manifestações a seu contexto histórico e cultural, em tentar compreender a arte como mensagem, conhecer a história de vida do artista. Daí a necessidade de articular arte e ludicidade a fim de não tornar o estudo de história da arte, por exemplo, uma atividade maçante e tediosa.

Vivemos em uma realidade em que se valoriza muito mais a fotografia do que a pintura ou a escultura, mas todas têm seu valor artístico e podem facilmente ser aliadas à ludicidade. O quadro a seguir apresenta algumas sugestões de como as artes visuais podem assumir-se como um aspecto lúdico. Acreditamos que você será capaz de complementar esta lista com muitas outras possibilidades.

Artes visuais e ludicidade

- **Passeio a um museu de arte:** Visitar uma exposição e trocar ideias com as crianças sobre as impressões que tiveram pode render uma valiosa roda de conversa. Há exposições que também possibilitam vivências sensoriais, tornando essa experiência ainda mais completa.
- **Jogo sobre análise de imagens:** O professor pode levar algumas imagens (pinturas ou fotografias) ou mesmo apresentá-las em um projetor e depois escondê-las, solicitando às crianças que descrevam uma situação ou um objeto da imagem. Esse exercício ajuda a desenvolver a percepção e a concentração, além de estimular a memória. O educador também pode fazer perguntas a respeito de uma característica da imagem ou solicitar às crianças que a interpretem, contando alguma impressão sobre ela ou relacionando-a com sentimentos e sensações. Lembre-se de que a interpretação artística é subjetiva, envolve valores e emoções que diferem de criança para criança. Em vez de impor a lógica adulta, é primordial criar oportunidades de questionamento e reflexão, sem trazer respostas prontas e acabadas. Pereira (2009, p. 14) salienta que "toda interferência deve ser intencionalmente voltada para auxiliar a trajetória, e não para atrapalhar os processos. As questões feitas aos alunos devem ser suficientemente desafiadoras para a continuidade do processo e cuidadosamente adequadas à faixa etária e ao nível de conhecimento".
- **Atividades de pintura, escultura e colagem:** São atividades muito praticadas nas aulas de artes, mas devem ter significado para as crianças. É preciso dar liberdade

para manifestações criativas e incentivar a diversidade dos trabalhos, sem impor que todas as crianças colem algodão nos carneirinhos da mesma forma, por exemplo. Permitir a exploração de materiais diversos, produzindo resultados diferentes, é também uma estratégia criativa – por exemplo, uma pintura feita com giz de cera e a mesma pintura feita com aquarela.

- **Releitura de obras**: Essa é uma atividade extremamente lúdica, em que as crianças utilizam a linguagem do desenho, da pintura, da escultura (barro, massinha, entre outros materiais), da gravura, das colagens, do mosaico, entre outras possibilidades, para fazer arte com base em outra arte. A ideia não consiste na reprodução da obra em si, mas em trazer outros significados, olhares e interpretações, como exercício constante da criatividade. É interessante observar os "multiolhares" de uma obra interpretada por diferentes prismas pelas crianças.
- **Miniexposição temática com produções artísticas feitas pelas crianças**: O professor propõe um tema e as crianças usam a criatividade. Uma proposta interessante consiste na valorização das artes regionais brasileiras, que variam bastante conforme o contexto cultural. Explorar essa diversidade como tema pode trazer resultados surpreendentes.

Esses são alguns exemplos que podem ser associados às mais diversas possibilidades. O ensino de artes visuais está também muito ligado à criatividade dos educadores que não se limitam a meras reproduções e estereótipos. A arte origina-se de múltiplos contextos sócio-históricos e culturais e está presente também na arquitetura, nos patrimônios, nas instituições religiosas e até mesmo no *design* de vários produtos. O importante é sempre tentar compreender o olhar do outro, valorizar a diversidade cultural e promover a tolerância e a sensibilidade artística.

6.5
Um mundo chamado *brinquedoteca*

Você deve ter observado, nos capítulos deste livro, que os aspectos lúdicos estão estreitamente relacionados às brincadeiras e ao sentimento de plenitude que elas proporcionam nas mais diversas atividades. Quando desenvolvemos uma tarefa lúdica, exploramos o mundo com curiosidade e promovemos nosso autoconhecimento. E isso depende não somente de nossa disposição, mas também de um ambiente favorável, que proporcione liberdade e segurança.

Essa condição, infelizmente, não é realidade para diversas crianças. O que existe, em muitos casos, é um ambiente de violência; para outras crianças, falta espaço e convivência social; e há ainda as que são reprimidas ou precisam realizar tarefas que não permitem viver a infância em sua essência. A escola, em algumas comunidades, caracteriza-se como um ambiente que supre parcialmente essas necessidades. Em outras comunidades, acaba sendo um espaço que limita a liberdade de pensamento e de expressão, seja ela artística e corporal, seja afetiva e cognitiva. Um dos espaços que pode preencher essa lacuna, estimulando a imaginação, a socialização, o brincar livre, saudável, e a afetividade, é a brinquedoteca.

O conceito de **brinquedoteca** é relativamente novo, uma vez que, como já enunciamos, o conceito de infância que prioriza o ato de brincar também é bastante recente se considerarmos toda a história da humanidade. Após a Grande Depressão norte-americana, os governos sentiram a necessidade de criar espaços (*toys library*, ou *biblioteca de brinquedos*) em que fosse possível viabilizar o empréstimo de brinquedos para crianças cujas famílias encontravam-se em dificuldades financeiras (Kishimoto, 2011). A partir da década de 1960, outro conceito de **biblioteca de brinquedos** surgiu para atender às demandas de crianças com necessidades especiais. "Nesse contexto, ocorre a ampliação das bibliotecas de brinquedos, que se especializam no atendimento de crianças com deficiências e suas famílias" (Kishimoto, 2011, p. 16).

O conceito de brinquedoteca passou por algumas transformações e até hoje pode variar dependendo do contexto sociocultural de cada nação. No Brasil, com a sanção da Lei n. 11.104, de 21 de março de 2005, a instalação das brinquedotecas tornou-se compulsória em instalações hospitalares que ofereçam atendimento pediátrico. Isso porque o ato de brincar em espaços apropriados pode auxiliar no processo de recuperação de crianças, uma vez que envolve aspectos socioemocionais. Atualmente, as brinquedotecas estão também incorporadas às instituições de ensino com princípios eminentemente lúdicos. Para Santos (1997, p. 13):

A Brinquedoteca é uma nova instituição que nasceu neste século para garantir à criança um espaço destinado a facilitar o ato de brincar. É um espaço que caracteriza-se por possuir um conjunto de brinquedos, jogos e brincadeiras, sendo um ambiente agradável, alegre e colorido, onde mais importante que os brinquedos é a ludicidade que estes proporcionam.

Você deve estar se perguntando como deve ser uma brinquedoteca que proporcione uma vivência infantil mais significativa. É necessário pensar em conceitos-chave que favoreçam e estimulem o desenvolvimento infantil, a imaginação, a criatividade, o autoconhecimento e a autoconfiança. Estes podem ser: o bem-estar da criança, segurança, liberdade para brincar, concentração, equilíbrio emocional, socialização, movimento, diversidade de materiais, higiene, claridade, experiências, descobertas. Além disso, manter o espaço organizado para que as crianças entendam as funções dos objetos e os contextualizem em suas vivências permite uma experiência singular diante da diversidade de brinquedos e materiais. Rau (2012, p. 212) sugere que a organização da brinquedoteca seja temática:

> Por exemplo: a parte da casinha pode ter objetos da cozinha, como mesa, fogão, geladeira, louças de plástico. O canto do mercado pode ter prateleiras com miniaturas de legumes, frutas, embalagens vazias e esterilizadas de leite, sabão etc. Uma caixa registradora feita de sucata pode fazer parte do cenário. O escritório pode ter objetos de acordo com a profissão enfocada. O canto das artes pode ter prateleiras com materiais como tintas, massinha, folhas e canetas coloridas,

cópias de obras de arte, esculturas etc., o espaço dos jogos pode seguir as classificações específicas, como os de mesa, os de construção ou de encaixe.

Esse tipo de organização tem o potencial de fazer as crianças experimentarem contextos diferentes, estimulando o desenvolvimento da linguagem e a construção da personalidade por meio da simulação do mundo adulto. Quando abre oportunidades para o desenvolvimento do faz de conta e das expressões artísticas, a brinquedoteca se torna um ambiente muito mais rico e produtivo para o desenvolvimento infantil. O educador deve atuar como um facilitador desse processo, promovendo a valorização da ação da criança nesse espaço. Ainda que a brinquedoteca não conte com uma grande quantidade de brinquedos comercializados, o espaço tem muito a ganhar com produções feitas pelas próprias crianças, como instrumentos musicais e objetos confeccionados com sucata.

O professor pode sugerir essas atividades como oportunidades de aprendizagem inseridas em uma conjuntura curricular, com objetivos pedagógicos definidos. As crianças devem saber que a produção delas servirá para que outras também possam brincar. O professor pode, também, orientá-las quanto ao cuidado e o manuseio dos brinquedos, mas não é recomendado interferir diretamente na brincadeira das crianças ou determinar quais brinquedos elas terão de manipular – como meninas brincam de casinha e meninos de carrinho.

Destacamos, no início do livro, como as questões de gênero determinam a forma como as crianças brincam. A brinquedoteca pode, então, ser um ambiente fundamental para refletir sobre estereótipos e preconceitos. As demandas da sociedade contemporânea implicam cada vez mais o compartilhamento das tarefas em família, em que os homens também se dedicam às tarefas domésticas e ao cuidado com os filhos e as mulheres dirigem. Direcionar as brincadeiras, classificando e associando brinquedos aos arquétipos de gênero ainda é um equívoco que muitos educadores cometem. "É possível iniciar a desconstrução de que meninos só brincam com meninos e vice-versa. Nos grupos mistos, adquirem-se experiências lúdicas diversas" (Kishimoto; Ono, 2008, p. 220).

Em um cenário que segrega gêneros, as crianças acabam incorporando e reproduzindo estereótipos que podem carregar consigo para a fase adulta. O educador precisa estar atento a esse tipo de comportamento e mediar situações para que não exista essa dicotomia durante as brincadeiras, observando o desenrolar das brincadeiras e como as crianças procuram resolver as situações-problema. O uso do espaço da brinquedoteca não deve ser pretexto para que o professor aproveite para se dedicar a outros afazeres. Muito pelo contrário, essa pode ser uma experiência para sua própria formação profissional.

> Atualmente, docentes vinculados aos grupos de estudo e pesquisa de diversas universidades nacionais e internacionais encontram nas brinquedotecas respostas aos estudos sobre a aprendizagem com base em situações de brincadeiras e, assim, dispõem de um acervo de materiais de jogo para colaborar com a função docente. (Rau, 2012, p. 213)

A ação docente nesses espaços deve contribuir para estimular a convivência harmônica. É importante orientar as crianças a serem ativas quanto à organização dos materiais ao fim das brincadeiras. A responsabilidade pelo cuidado deve ser partilhada com todos os que frequentam a brinquedoteca, até mesmo para que as crianças valorizem o espaço que é delas. Portanto, o ambiente destinado à brinquedoteca precisa ser cuidadosamente planejado.

Os aspectos estruturais para o planejamento do uso efetivo da brinquedoteca precisam garantir o bem-estar e a segurança das crianças. Pisos escorregadios causam acidentes e materiais que demandam intervenção adulta, como colas e tesouras, devem ser utilizados somente sob supervisão, garantindo maior liberdade de interação e movimento. Cobrir tomadas e fixar móveis pode impedir acidentes mais graves. Os brinquedos também devem ser adequados conforme a faixa etária das crianças e os espaços devem contar com restrição de entrada e saída para que os adultos possam ter acesso a todas no mesmo ambiente. A higienização dos materiais não pode ser desprezada e convém evitar materiais como pelúcias, por exemplo, que podem causar alergia nas crianças. Brinquedos quebrados também podem machucar. Em vista de tudo isso, uma vistoria constante é primordial.

Todos esses cuidados proporcionam a segurança e a liberdade de que as crianças precisam para executar uma das tarefas lúdicas mais importantes no desenvolvimento saudável e feliz: o ato de brincar.

Síntese

Neste capítulo, apresentamos os mais diversos contextos que envolvem a ludicidade, como a música, a dança, as artes visuais e os espaços destinados aos jogos e às brincadeiras, como a brinquedoteca.

A música está presente na vida de todos, das mais variadas formas. A escola pode resgatar e explorar os mais diversos gêneros, desde as cantigas de roda até músicas que fazem parte do repertório adulto, pois despertar a sensibilidade musical e estimular a criatividade com diversas atividades lúdicas associadas à música representa oportunidades significativas para a aprendizagem.

A dança é uma expressão corporal manifestada ainda nos primeiros anos da infância com caráter artístico e está associada a tradições, costumes, rituais e lazer como parte da cultura humana. É uma atividade que envolve os domínios cognitivo, afetivo e motor e desperta a sensibilidade e a criatividade. A prática da dança nos espaços escolares precisa ser incorporada em sua essência, não trabalhada apenas em coreografias estereotipadas ou limitada às festas de encerramento do ano.

As atividades com artes visuais nos espaços escolares demandam reflexões mais aprofundadas que levem a estratégias pedagógicas planejadas e orientadas, deixando de ser mero passatempo restrito à superficialidade e aos estereótipos. Incorporar o ensino da arte, valorizando-a como um componente curricular importante, é fundamental para disponibilizar aos alunos uma proposta de reflexão, apreciação, gosto estético e, principalmente, desenvolvimento da criatividade e da imaginação.

Por fim, vale reforçar que todo o processo de planejamento de uma brinquedoteca deve considerar a segurança e a mobilidade no aspecto estrutural e viabilizar possibilidades de rompimento de estereótipos e preconceitos quanto às questões de gênero nas brincadeiras. Proporcionar momentos em que as crianças possam construir os brinquedos que farão parte do espaço desperta nelas sentimentos de valorização do ambiente e de solidariedade.

Indicações culturais

Livros

ALMEIDA, F. de S. **Que dança é essa?** Uma proposta para a educação infantil. São Paulo: Summus, 2016.
A autora transporta para os espaços de educação infantil a discussão e a reflexão sobre estratégias para incorporar a dança nas práticas pedagógicas, com o intuito de suprir essa carência na formação dos educadores.

ILARI, B. **Música na infância e na adolescência**. Curitiba: Ibpex, 2009. (Série Educação Musical).
O livro traz uma proposta de trabalho com música para diferentes públicos – de bebês a adolescentes. Mostra como a música auxilia no processo de desenvolvimento cognitivo da criança e orienta pais e professores sobre o aprendizado formal da música.

OLIVEIRA, V. B. de (Org.). **Brinquedoteca**: uma visão internacional. Petrópolis: Vozes, 2011.
Esse livro compila artigos sobre elementos que remontam às origens da brinquedoteca, bem como experiências de

diversos países, como Espanha, Japão, França, Itália e Portugal.

Sites

ERA VIRTUAL. Disponível em: <http://eravirtual.org/>. Acesso em: 25 maio 2018.
Disponibiliza um passeio virtual em diversos museus, como um projeto proposto para divulgação do patrimônio cultural brasileiro.

PALAVRA CANTADA. Disponível em: <http://palavra cantada.com.br/>. Acesso em: 25 maio 2018.
Disponibiliza vídeos, aplicativos, DVDs e livros direcionados às crianças em um projeto que une música, poesia e ludicidade. Fundado pelos músicos Sandra Peres e Paulo Tatit.

Atividades de autoavaliação

1. Em relação à integração da música nas atividades escolares, assinale V para as afirmativas verdadeiras e F para as falsas:
   ( ) A Lei n. 11.769/2008 determinou a obrigatoriedade do ensino de música em toda a educação básica, mas as escolas têm a opção de trabalhar de forma interdisciplinar.
   ( ) Gêneros musicais que não fazem parte de nossa cultura devem ser ignorados.
   ( ) Músicas de conteúdo agressivo, como "Atirei o pau no gato", devem ser abolidas do repertório infantil na escola.

( ) Atividades como composição musical podem ser trabalhadas como produção textual.

Agora, marque a alternativa que apresenta a sequência correta:

a) V, F, V, F.
b) V, F, F, V.
c) V, V, F, F.
d) F, V, V, F.

2. A dança é uma das atividades artísticas que envolve ludicidade e cultura. Com relação à dança como expressão cultural, assinale a alternativa correta:
   a) As mais diversas culturas têm suas danças típicas que são muito complexas para serem abordadas nos espaços escolares.
   b) A dança, nos espaços escolares, deve ser valorizada de acordo com a cultura local, pois a diversidade desvaloriza essa atividade artística.
   c) A dança junina possui variações regionais que podem ser exploradas nos espaços escolares.
   d) As danças individuais devem ser priorizadas nos espaços escolares, pois apresentam aspectos culturais muito mais relevantes.

3. Os sons têm algumas características que os diferenciam entre si. O reconhecimento dessas características nos permite desenvolver uma melhor percepção sonora. Indique a seguir algumas propriedades do som de acordo com suas respectivas características:

1) Altura
2) Intensidade
3) Duração

( ) Sons graves e sons agudos.
( ) Sons curtos e sons longos.
( ) Sons fortes e sons fracos.

Agora, assinale a alternativa que apresenta a sequência correta:

a) 2, 3, 1.
b) 2, 1, 3.
c) 1, 3, 2.
d) 3, 2, 1.

4. Observe o seguinte trecho do RCNEI citado no capítulo: "Em muitas propostas as práticas de Artes Visuais são entendidas apenas como meros passatempos em que atividades de desenhar, colar, pintar e modelar com argila ou massinha são destituídas de significados" (Brasil, 1998c, p. 87). Com base no que você estudou no capítulo, analise as assertivas a seguir a respeito do ensino de artes nas escolas:

   I) Giz, gravetos e pedras são materiais que podem ser utilizados para o desenvolvimento de expressões artísticas.
   II) As manifestações artísticas não precisam ser representações fiéis da realidade.

III) Os espaços escolares precisam integrar as expressões artísticas em um contexto sócio-histórico, ressaltando elementos significativos.

IV) De maneira geral, as artes visuais contam com baixo grau de valorização na educação infantil, sendo praticadas ativamente no ensino médio.

Estão corretas apenas as assertivas:

a) I, II e III.
b) I, III e IV.
c) II e III.
d) I, II e IV.

5. A brinquedoteca proporciona:
   a) grande diversidade de brinquedos e materiais adquiridos pela escola para que as crianças não precisem produzir seus próprios brinquedos.
   b) valorização do espaço em que as crianças são corresponsáveis pela organização.
   c) separação dos brinquedos manipulados pelas meninas e brinquedos permitidos aos meninos.
   d) livre mobilidade das crianças, permitindo que elas entrem e saiam do recinto sem a supervisão de um adulto.

Atividades de aprendizagem

Questões para reflexão

1. Leia atentamente o seguinte trecho: "A brinquedoteca pode, então, ser um ambiente fundamental para refletir sobre estereótipos e preconceitos". De que forma os brinquedos podem contribuir para a manutenção de estereótipos de gênero? Você acha que meninos têm vergonha de brincar com brinquedos de meninas? Justifique sua resposta.

2. Em sua opinião, qual é a importância da música na vida das pessoas? Você acredita que as escolas exploram variados estilos musicais? Justifique sua resposta.

Atividade aplicada: prática

1. Realize uma pesquisa que englobe algumas danças pouco conhecidas praticadas nas diversas regiões do Brasil. Procure conhecer sua origem e principais características, como trajes típicos, contextos culturais, sócio-históricos ou religiosos. Pesquise também em fontes multimídias, como áudios e vídeos, e prepare uma apresentação a ser feita para alunos da educação infantil.

Considerações finais

Ressaltamos, nessa obra, as várias faces da ludicidade e sua importância para o desenvolvimento humano saudável. Destacamos que não há um conceito pronto e acabado sobre o universo do lúdico, pois a concepção de *ludicidade* passou por diversas transformações ao longo da história e sofreu variações em determinadas culturas. Entretanto, o ato de brincar tem uma linguagem universal e nele se encontra a essência da infância.

Esperamos que este livro tenha feito você se lembrar de que o ato de brincar não requer brinquedos de última geração – aliás, pode não requerer brinquedo nenhum. Muitas vezes, quando privamos as crianças de brinquedos e damos a elas oportunidades de explorar outros materiais seguros, fomentamos a criatividade, a imaginação e o faz de conta.

As escolas de educação infantil e ensino fundamental ainda precisam enfrentar muitos desafios para ceifar os preconceitos quanto ao uso de jogos e do brincar livre. Não basta sair em defesa no discurso, é preciso saber como transformá-lo em uma prática que fuja à padronização de modelos e estereótipos. Como pudemos constatar, ludicidade não é somente jogar e se divertir. É completude e sensibilidade para entusiasmar-se em diversas atividades que ampliem a visão de mundo.

É pelos jogos, pelas brincadeiras, pela arte, pela música, pelo faz de conta, pelas experiências e descobertas das letras e dos números, pelo movimento, pela leitura e por tantos outros aspectos que a criança forma sua visão de mundo, fortalece a interação social, reorienta valores e constrói traços da sua personalidade. As crenças, opiniões e visões de mundo são processos construídos sobre as bases criadas na infância.

Nós, adultos, somos responsáveis por preservar nas crianças a essência da infância. Infelizmente, na sociedade ocidental atual, têm sido frequente, casos de crianças que desenvolvem cada vez mais precocemente doenças antigamente restritas aos adultos, como estresse, depressão e obesidade. Isso porque a ludicidade tem sido ignorada para dar vez a obrigações, cobranças, preparação para o trabalho e a vida adulta. Portanto, precisamos estar sempre sensíveis às novas gerações e empenhados para que a essência da infância lúdica não se consuma. Precisamos entender que a criança de hoje está imersa em uma dimensão muito mais tecnológica, mas nem por isso essa realidade precisa ser a única. Afetividade, movimento e desafios mentais, sem suportes tecnológicos, continuam sendo fundamentais para o desenvolvimento humano. Buscar o equilíbrio, mesmo que seja árduo, é um desafio permanente que carrega consigo muitos benefícios.

Vivemos também em uma época de supervalorização da infância. Essa é uma das grandes diferenças em relação ao contexto de nossos antepassados. Nunca, em nenhum momento da história ocidental que se conheça, a figura da criança se destacou tanto na sociedade. Inúmeros produtos e serviços que são comercializados hoje têm as crianças como público-alvo. A ludicidade se materializou e virou produto rentável. É importante refletir sobre os impactos desse novo paradigma, que se distancia cada vez mais da ideia de infância com cheiro de terra e arranhões adquiridos ao subir em árvores. Hoje, é raro vassouras se tornarem cavalos de pau, pois há muitos cavalinhos de madeira por aí em promoção.

Como tudo isso se refletirá na infância do futuro? Não há como prever exatamente. Quais serão os rumos tomados pelos aspectos lúdicos? Não sabemos. A certeza é que temos muito a contribuir para o futuro saudável da infância e da ludicidade. O pouco que cada pessoa pode fazer se torna muito no conjunto de nossas forças.

Referências

ALBUQUERQUE, C. de A. A. Utilização de um bingo como ferramenta de trabalho nas aulas de ciências. In: CONGRESSO NACIONAL DE EDUCAÇÃO, 3., 2016, Natal. **Anais**... Disponível em: <http://www.editorarealize.com.br/revistas/conedu/trabalhos/TRABALHO_EV056_MD4_SA18_ID3422_02082016164028.pdf>. Acesso em: 23 maio 2018.

ALVES, L. Relações entre os jogos digitais e aprendizagem: delineando percurso. **Educação, Formação & Tecnologias**, v. 1, n. 2, p. 3-10, nov. 2008. Disponível em: <http://eft.educom.pt/index.php/eft/article/view/58/38>. Acesso em: 22 maio 2018.

ALVES, R. **A alegria de ensinar**. 11. ed. Campinas: Papirus, 2000.

ALVES, R. **Cenas da vida**. Campinas: Papirus, 2013a.

ALVES, R. **Quando eu era menino**. 4. ed. Campinas: Papirus, 2013b.

ANTUNES, C. **Jogos para a estimulação das múltiplas inteligências**. Petrópolis: Vozes, 1999.

AUSUBEL, D. P. **Aquisição e retenção de conhecimentos**: uma perspectiva cognitiva. Tradução de Lígia Teopisto. Lisboa: Plátano, 2003.

AZEVEDO, F. de. **Manifesto dos Pioneiros da Educação Nova (1932) e dos Educadores (1959)**. Recife: Fundação Joaquim Nabuco/Massangana, 2010. (Coleção Educadores). Disponível em: <http://www.dominiopublico.gov.br/download/texto/me4707.pdf>. Acesso em: 21 abr. 2018.

BALESTRA, M. M. M. **A psicopedagogia em Piaget**: uma ponte para a educação da liberdade. Curitiba: InterSaberes, 2012. (Série Psicopedagogia).

BAUMAN, Z. **Amor líquido**: sobre a fragilidade dos laços humanos. Tradução de Carlos Alberto Medeiros. Rio de Janeiro: Zahar, 2004.

BEMVENUTI, A. et al. **O lúdico na prática pedagógica**. Curitiba: InterSaberes, 2012.

BENTO, M. A. S. (Org.). **Educação infantil, igualdade racial e diversidade**: aspectos políticos, jurídicos, conceituais. São Paulo: Centro de Estudos das Relações de Trabalho e Desigualdades – Ceert, 2012. Disponível em: <http://portal.mec.gov.br/index.php?option=com_docman&view=download&alias=11283-educa-infantis-conceituais&Itemid=30192>. Acesso em: 22 maio 2018.

BERNARDES, E. L. Jogos e brincadeiras tradicionais: um passeio pela história. In: CONGRESSO LUSO-BRASILEIRO DE HISTÓRIA DA EDUCAÇÃO, 6., 2006, Uberlândia. **Anais**... Uberlândia: Colubhe, 2006. Disponível em: <http://www2.faced.ufu.br/colubhe06/anais/arquivos/47ElizabethBernardes.pdf>. Acesso em: 21 maio 2018.

BERNARDES, E. L. Jogos e brincadeiras: ontem e hoje. **Cadernos de História da Educação**, Uberlândia, v. 4, p. 45-54, jan./dez. 2005. Disponível em: <http://www.seer.ufu.br/index.php/che/article/view/384/365>. Acesso em: 22 maio 2018.

BORBA, P. de C. S. A importância da atividade física lúdica no tratamento da obesidade infantil. **Revista Medicina Integral**, v. 8, n. 4, p. 18-32, 2006.

BRASIL. Lei n. 8.069, de 13 de julho de 1990. **Diário Oficial da União**, Poder Legislativo, Brasília, DF, 16 jul. 1990. Disponível em: <http://www.planalto.gov.br/ccivil_03/leis/l8069.htm>. Acesso em: 21 maio 2018.

BRASIL. Lei n. 9.394, de 20 de dezembro de 1996. **Diário Oficial da União**, Poder Legislativo, Brasília, DF, 23 dez. 1996. Disponível em: <http://www.planalto.gov.br/ccivil_03/LEIS/l9394.htm>. Acesso em: 22 maio. 2018.

BRASIL. Lei n. 11.104, de 21 de março de 2005. **Diário Oficial da União**, Poder Legislativo, Brasília, DF, 22 mar. 2005. Disponível em: <http://www.planalto.gov.br/ccivil_03/_ato2004-2006/2005/lei/l11104.htm>. Acesso em: 25 maio 2018.

BRASIL. Lei n. 11.769, de 18 de agosto de 2008. **Diário Oficial da União**, Poder Legislativo, Brasília, DF, 19 ago. 2008. Disponível em: <http://www.planalto.gov.br/ccivil_03/_ato2007-2010/2008/lei/l11769.htm>. Acesso em: 25 maio 2018.

BRASIL. Ministério da Educação. Conselho Nacional de Educação. Câmara da Educação Básica. Resolução n. 1, de 7 de abril de 1999. **Diário Oficial da União**, Brasília, DF, 13 abr. 1999. Disponível em: <http://portal.mec.gov.br/cne/arquivos/pdf/CEB0199.pdf>. Acesso em: 23 maio 2018.

BRASIL. Ministério da Educação e do Desporto. Secretaria de Educação Fundamental. **Parâmetros Curriculares Nacionais**: arte. Brasília: MEC/SEF, 1997a. v. 6. Disponível em: <http://portal.mec.gov.br/seb/arquivos/pdf/livro06.pdf>. Acesso em: 22 maio 2018.

BRASIL. **Parâmetros Curriculares Nacionais**: ciências naturais. Brasília: MEC/SEF, 1997b. v. 6. Disponível em: <http://portal.mec.gov.br/seb/arquivos/pdf/livro04.pdf>. Acesso em: 22 maio 2018.

BRASIL. **Parâmetros Curriculares Nacionais**: matemática. Brasília: MEC/SEF, 1997c. v. 3. Disponível em: <http://portal.mec.gov.br/seb/arquivos/pdf/livro03.pdf>. Acesso em: 9 maio 2018.

BRASIL. **Referencial curricular nacional para a educação infantil**: introdução. Brasília: MEC/SEF, 1998a. v. 1. Disponível em: <http://portal.mec.gov.br/seb/arquivos/pdf/rcnei_vol1.pdf>. Acesso em: 9 maio 2018.

BRASIL. **Referencial curricular nacional para a educação infantil**: formação pessoal e social. Brasília: MEC/SEF, 1998b. v. 2. Disponível em: <http://portal.mec.gov.br/seb/arquivos/pdf/volume2.pdf>. Acesso em: 9 maio 2018.

BRASIL. **Referencial curricular nacional para a educação infantil**: conhecimento de mundo. Brasília: MEC/SEF, 1998c. v. 3. Disponível em: <http://portal.mec.gov.br/seb/arquivos/pdf/volume3.pdf>. Acesso em: 9 maio 2018.

BRASIL. Ministério da Educação. Secretaria de Educação Básica. **Linguagem oral e linguagem escrita na educação infantil**: práticas e interações. Caderno 3. Brasília: MEC/SEB, 2016. (Coleção Leitura e Escrita na Educação Infantil; v. 4). Disponível em: <http://pacto.mec.gov.br/materiais-listagem/item/13-linguagem-oral-e-linguagem-escrita-na-educacao-infantil-praticas-e-interacoes>. Acesso em: 9 maio 2018.

CAILLOIS, R. **Man, Play and Games**. Champaign: University of Illinois Press, 1961.

CAMARGO, D.; SANTA CLARA, C. W. de. (Org.). **Educar a criança do século XXI**: outro olhar, novas possibilidades. Curitiba: InterSaberes, 2015.

CARNEIRO, M. A. B. **A infância e as brincadeiras nas diferentes culturas**. 2012. Disponível em: <http://www.pucsp.br/educacao/brinquedoteca/downloads/OMEP%20-%20Campo%20Grande.pdf>. Acesso em: 21 maio 2018.

CAROLEI, P. Gameout: o uso de "Gamification" para favorecer a imersão em diversos espaços pedagógicos no ensino superior. In: CONGRESSO INTERNACIONAL TIC E EDUCAÇÃO, 2., 2012, Lisboa. **Anais**... Disponível em: <http://ticeduca.ie.ul.pt/atas/pdf/257.pdf>. Acesso em: 25 maio 2018.

CLAVER, R. **Escrever e brincar**: oficinas de texto. 3. ed. Belo Horizonte: Autêntica, 2013. (Coleção Formação Humana na Escola).

CÓRIA-SABINI, M. A.; LUCENA, R. F. de. **Jogos e brincadeiras na educação infantil**. Campinas: Papirus, 2015.

CUNHA, B. B. B.; ARAÚJO, M. de F.; GOMES, R. F. F. Infância e diversidade: significações de gênero no brincar de crianças em uma brinquedoteca. **Revista Nupem**, Campo Mourão, v. 3, n. 5, p. 23-37, ago./dez. 2011. Disponível em: <http://www.fecilcam.br/revista/index.php/nupem/article/view/57>. Acesso em: 21 maio 2018.

CUNHA, N. H. S. **Brinquedoteca**: um mergulho no brincar. São Paulo: Aquariana, 2007.

DUPRAT, M. C. (Org.). **Ludicidade na educação infantil**. São Paulo: Pearson, 2014.

FARDO, M. L. A gamificação aplicada em ambientes de aprendizagem. **Renote**, v. 11, n. 1, jul. 2013. Disponível em: <http://seer.ufrgs.br/index.php/renote/article/view/41629/26409>. Acesso em: 23 maio 2018.

FARIA, M. A. **Como usar a literatura infantil na sala de aula**. São Paulo: Contexto, 2009. (Coleção Como Usar na Sala de Aula).

FREYRE, G. **Casa-grande & senzala**. 48. ed. rev. São Paulo: Global, 2003. (Introdução à História da Sociedade Patriarcal no Brasil; 1).

HEYWOOD, C. **Uma história da infância**: da Idade Média à Época Contemporânea no Ocidente. Tradução de Roberto Cataldo Costa. Porto Alegre: Artmed, 2004.

HUIZINGA, J. **Homo ludens**: o jogo como elemento da cultura. Tradução de João Paulo Monteiro. São Paulo: Perspectiva, 1999. (Coleção Estudos; v. 4).

KAMII, C. **A criança e o número**: implicações educacionais da teoria de Piaget para a atuação junto a escolares de 4 a 6 anos. Tradução de Regina de Assis. 11. ed. Campinas: Papirus, 1990.

KISHIMOTO, T. M. A brinquedoteca no contexto educativo brasileiro e internacional. In: OLIVEIRA, V. B. de (Org.). **Brinquedoteca**: uma visão internacional. Petrópolis: Vozes, 2011. Publicação não paginada.

KISHIMOTO, T. M. **Jogos infantis**: o jogo, a criança e a educação. 6. ed. Petrópolis: Vozes, 1999.

KISHIMOTO, T. M. **O brinquedo na educação**: considerações históricas. São Paulo: FDE, 1990. (Série Ideias, n. 7).

KISHIMOTO, T. M. O jogo e a educação infantil. **Perspectiva**, Florianópolis, v. 12, n. 22, p. 105-128, 1994.

KISHIMOTO, T. M.; ONO, A. T. Brinquedo, gênero e educação na brinquedoteca. **Pro-posições**. v. 19, n. 3, p. 209-223, set./dez. 2008. Disponível em: <http://www.scielo.br/pdf/pp/v19n3/v19n3a11>. Acesso em: 25 maio 2018.

LARAIA, R. de B. **Cultura**: um conceito antropológico. 14. ed. Rio de Janeiro: Zahar, 2001.

LIBÂNEO, J. C.; PIMENTA, S. G. Formação de profissionais da educação: visão crítica e perspectiva de mudança. **Educação & Sociedade**, Campinas, v. 20, n. 68, p. 239-277, dez. 1999. Disponível em: <http://www.scielo.br/pdf/es/v20n68/a13v2068.pdf>. Acesso em: 23 maio 2018.

LIMA, A. J. A. **O lúdico em clássicos da filosofia**: uma análise em Platão, Aristóteles e Rousseau. In: CONEDU – CONGRESSO NACIONAL DE EDUCAÇÃO, 2., 2015, Campina Grande. Disponível em: <http://coral.ufsm.br/righi/EPE/TRABALHO_EV045_MD1_SA6_ID6556_16082015154402.pdf>. Acesso em: 21 maio 2018.

LOCKE, J. **Ensaio sobre o entendimento humano**. Tradução de Anoar Aiex. 2. ed. São Paulo: Abril Cultural, 1979. (Coleção Os Pensadores).

LOUREIRO, A. M. A. **O ensino da música na escola fundamental**. Campinas: Papirus, 2016. (Coleção Papirus Educação).

LUCKESI, C. C. Desenvolvimento dos estados de consciência e ludicidade. In: PASSOS, E. S. (Org.). In: **Cadernos de Pesquisa**: Núcleo de Filosofia e História da Educação, Salvador, v. 2, n. 1, p. 9-25, 1998.

MACHADO, M. M. **O brinquedo-sucata e a criança**: a importância do brincar – atividades e materiais. 6. ed. São Paulo: Loyola, 2007.

MARINHO, H. R. B. et al. **Pedagogia do movimento**: universo lúdico e psicomotricidade. Curitiba: InterSaberes, 2012.

MASSA, M. de S. Ludicidade: da etimologia da palavra à complexidade do conceito. **Aprender: Caderno de Filosofia e Psicologia da Educação**, Vitória da Conquista, ano 9, n. 15, p. 111-130, 2015. Disponível em: <http://periodicos.uesb.br/index.php/aprender/article/viewFile/5485/pdf_39>. Acesso em: 21 maio 2018.

MEDINA, B. et al. **Gamification, Inc.**: como reinventar empresas a partir de jogos. Rio de Janeiro: MJV Press, 2013. Disponível em <http://livrogamification.com.br/>. Acesso em: 8 abr. 2018.

MENDES, R. M.; GRANDO, R. C. As potencialidades pedagógicas do jogo computacional SimCity 4 para a apropriação/mobilização de conceitos matemáticos. In: REUNIÃO ANUAL DA ASSOCIAÇÃO NACIONAL DE PÓS-GRADUAÇÃO E PESQUISA EM EDUCAÇÃO, 9., 2006, Caxambu. **Anais...** Rio de Janeiro: Anped, 2006. Disponível em: <http://repositorio.ufla.br/jspui/handle/1/615>. Acesso em: 25 maio 2018.

MONTESSORI, M. **A criança**. Tradução de Luiz Horácio da Matta. São Paulo: Círculo do Livro, 1990.

MONTESSORI, M. **Pedagogia científica**: a descoberta da criança. Tradução de Aury Azélio Brunetti. São Paulo: Flamboyant, 1965.

MONTESSORI, M. **The Discovery of the Child**. New Delhi: Aakar Books, 2004.

MORAN, J. M. Ensino e aprendizagem inovadores com tecnologias audiovisuais e telemáticas. In: MORAN, J. M.; MASETTO, M. T.; BEHRENS, M. A. **Novas tecnologias e mediação pedagógica**. Campinas: Papirus, 2000. p. 11-65.

MORAN, J. M.; MASETTO, M. T.; BEHRENS, M. A. **Novas tecnologias e mediação pedagógica**. Campinas: Papirus, 2000.

MOURA, I. C. de; BOSCARDIN, M. T. T.; ZAGONEL, B. **Musicalizando crianças**: teoria e prática da educação musical. Curitiba: InterSaberes, 2012.

MOYLES, J. R. **Só brincar?** O papel do brincar na educação infantil. Tradução de Maria Adriana Veronese. Porto Alegre: Artmed, 2002.

NAVARRO, G. **Gamificação**: a transformação do conceito do termo jogo no contexto da pós-modernidade. 26 f. Trabalho de Conclusão de Curso (Especialização em Mídia, Informação e Cultura) – Universidade de São Paulo, São Paulo, 2013. Disponível em: <http://paineira.usp.br/celacc/sites/default/files/media/tcc/578-1589-1-PB.pdf>. Acesso em: 25 maio 2018.

NOGUEIRA, M. O. G.; LEAL, D. **Teorias da aprendizagem**: um encontro entre os pensamentos filosófico, pedagógico e psicológico. 2. ed. Curitiba: InterSaberes, 2015.

OLIVEIRA, M. K. de; REGO, T. C. Vygotsky e as complexas relações entre cognição e afeto. In: ARANTES, V. A. (Org.). **Afetividade na escola**: alternativas teóricas e práticas. São Paulo: Summus, 2003. p. 13-34.

ONU – Organização das Nações Unidas. **Declaração dos Direitos da Criança**. 1959. Disponível em: <http://www2.camara.leg.br/atividade-legislativa/comissoes/comissoes-permanentes/cdhm/comite-brasileiro-de-direitos-humanos-e-politica-externa/DeclDirCrian.html>. Acesso em: 21 abr. 2018.

PEREIRA, K. H. **Como usar artes visuais na sala de aula**. 2. ed. São Paulo: Contexto, 2009.

PIAGET, J. **A psicologia da inteligência**. Tradução de João Guilherme de Freitas Teixeira. Petrópolis: Vozes, 2013.

PIAGET, J. **O juízo moral na criança**. Tradução de Elzon Lenardon. 4. ed. São Paulo: Summus, 1994.

PIAGET, J. **O nascimento da inteligência na criança**. Tradução de Álvaro Cabral. 4. ed. Rio de Janeiro: LTC, 1987.

PIAGET, J. **Seis estudos de psicologia**. Tradução de Maria Alice Magalhães D'Amorin e Paulo Sérgio Lima Silva. 24. ed. Rio de Janeiro: Forense Universitária, 1999.

PRENSKY, M. Digital Natives, Digital Immigrants: do they Really think Differently? **On the Horizon**, v. 9, n. 6, p. 1-6, 2001.

RAU, M. C. T. D. **A ludicidade na educação**: uma atitude pedagógica. Curitiba: InterSaberes, 2012.

RISCHBIETER, L. **Guia prático de pedagogia elementar**. Curitiba: Nova Didática, 2000.

RODRIGUES, L. M. **A criança e o brincar**. Universidade Federal Rural do Rio de Janeiro, Mesquita, 2009. Disponível em: <http://www.ufrrj.br/graduacao/prodocencia/publicacoes/desafios-cotidianos/arquivos/integra/integra_RODRIGUES.pdf>. Acesso em: 8 abr. 2018.

RÖHRS, H. **Maria Montessori**. Tradução de Danilo Di Manno de Almeida e Maria Leila Alves. Recife: Fundação Joaquim Nabuco/Massangana, 2010. (Coleção Educadores). Disponível em: <http://www.dominiopublico.gov.br/download/texto/me4679.pdf>. Acesso em: 9 maio 2018.

SANTOS, G. F. L. Origem dos jogos populares: em busca do "elo perdido". In: CONGRESSO NORTE PARANAENSE DE EDUCAÇÃO FÍSICA ESCOLAR, 4., 2009, Londrina. **Anais**... Disponível em: <http://www.uel.br/eventos/conpef/conpef4/trabalhos/comunicacaooralartigo/artigocomoral21.pdf>. Acesso em: 9 maio 2018.

SANTOS, S. M. P. dos (Org.). **Brinquedoteca**: o lúdico em diferentes contextos. Petrópolis: Vozes, 1997.

SILVA, D. A. de A. e. Educação e ludicidade: um diálogo com a Pedagogia Waldorf. **Educar em Revista**, Curitiba, n. 56, p. 101-113, abr./jun. 2015. Disponível em: <http://www.scielo.br/pdf/er/n56/0101-4358-er-56-00101.pdf>. Acesso em: 25 maio 2018.

SILVEIRA, J. A. da. Material Dourado de Montessori: trabalhando com algoritmos da adição, subtração, multiplicação ou divisão. **Ensino em Re-Vista**, v. 6, n. 1, p. 47-63, jul. 1997/jun. 1998. Disponível em: <http://www.seer.ufu.br/index.php/emrevista/article/view/7836/4943>. Acesso em: 25 maio 2018.

SIMÕES, J. et al. Aplicação de elementos de jogos numa plataforma de aprendizagem social. In: CONGRESSO INTERNACIONAL TIC E EDUCAÇÃO, 2., 2012, Lisboa.

STEINER, R. **Metodologia e didática no ensino Waldorf**. Tradução de Rudolf Lanz. São Paulo: Antroposófica, 2003. (A Arte da Educação, v. II).

VIANNA, M. L. R. **Desenhando com todos os lados do cérebro**: possibilidades para transformação das imagens escolares. Curitiba: InterSaberes, 2012.

VYGOTSKY, L. S. **A formação social da mente**. Tradução de José Cippola Neto, Luís Silveira Menna Barreto e Solange Castro Afeche. São Paulo: M. Fontes, 1984. v. 3.

VYGOTSKY, L. S. **Imaginação e criação na infância**: ensaio psicológico – livro para professores. Tradução de Zoia Prestes. São Paulo: Ática, 2009.

VYGOTSKY, L. S. **Pensamento e linguagem**. 2008. Disponível em: <http://www.institutoelo.org.br/site/files/publications/5157a7235ffccfd9ca905e359020c413.pdf>. Acesso em: 8 abr. 2018.

WALLON, H. **A evolução psicológica da criança**. Tradução de Ana Maria Bessa. São Paulo: M. Fontes, 1968.

WINNICOTT, D. W. **O brincar e a realidade**. Tradução de José Octávio de Aguiar Abreu e Vanede Nobre. Rio de Janeiro: Imago, 1975.

ZAGONEL, B. **Brincando com música na sala de aula**: jogos de criação musical usando a voz, o corpo e o movimento. Curitiba: InterSaberes, 2012.

Bibliografia comentada

BEMVENUTI, A. et al. **O lúdico na prática pedagógica**. Curitiba: InterSaberes, 2012.

Os autores apresentam uma contextualização histórica bastante pertinente a respeito dos jogos que influenciaram o pensamento no Ocidente. Em todo o livro é possível verificar o incentivo à reflexão a respeito da ludicidade na alfabetização, na matemática, nas ciências, nos espaços geográficos e no movimento.

CLAVER, R. **Escrever e brincar**: oficinas de texto. 3. ed. Belo Horizonte: Autêntica, 2013. (Coleção Formação Humana na Escola).

Nessa obra, o autor faz uma interessante associação entre as origens da escrita e a ludicidade, em uma relação autêntica entre escrever e brincar. A apresentação do livro remete a uma leitura dinâmica e prazerosa e apresenta propostas de atividades criativas.

DUPRAT, M. C. **Ludicidade na educação infantil**. São Paulo: Pearson, 2014.

A autora destaca a importância das brincadeiras e da ludicidade para o desenvolvimento das crianças e como as brincadeiras podem ser estrategicamente utilizadas na educação infantil. Ressalta como acontecem as relações entre adulto e criança durante as práticas lúdicas.

FARIA, M. A. **Como usar a literatura infantil na sala de aula**. São Paulo: Contexto, 2009. (Coleção Como Usar na Sala de Aula).

Esse livro faz parte de uma coleção que apresenta diversos recursos para serem utilizados pedagogicamente em sala de aula. Com a temática da literatura infantil, a autora analisa o uso de textos e narrativas com ou sem ilustração, e sugere excelentes estratégias quanto ao uso de textos escritos no ambiente escolar.

FERLIN, A. M.; GOMES, D. A. C. **90 ideias de jogos e atividades para sala de aula**. 4. ed. Petrópolis: Vozes, 2011.

Nessa obra, as autoras apresentam sugestões diversificadas para trabalhar com jogos, brincadeiras e atividades tanto na educação infantil como nos anos iniciais do ensino fundamental. As propostas são bastante flexíveis, permitindo outras possibilidades além das sugeridas. As autoras esclarecem os objetivos das atividades, os recursos necessários e como desenvolvê-las na prática.

JUCÁ, D. **Falando sério**: 100 brincadeiras. Belo Horizonte: Autêntica, 2012.

Esse livro apresenta 100 sugestões de atividades lúdicas que podem ser utilizadas em diversos contextos. Propõe brincadeiras livres e direcionadas, enfocando o desenvolvimento socioafetivo.

MARINHO, H. R. B. et al. **Pedagogia do movimento**: universo lúdico e psicomotricidade. Curitiba: InterSaberes, 2012.

A obra estimula a reflexão a respeito da formação docente em uma visão holística. A ludicidade é explorada com base em sua inter-relação com a psicomotricidade em contextos educacionais.

MIRANDA, S. de. **Oficina de ludicidade na escola**. Campinas: Papirus, 2016.

Miranda inicia o livro com um importante embasamento teórico, incluindo autores como Piaget, Vygotsky e Wallon. Na sequência, apresenta diversas sugestões de oficinas com jogos para trabalhar criatividade, psicomotricidade, motivação, afetividade, socialização e aspectos cognitivos.

RAU, M. C. T. D. **A ludicidade na educação**: uma atitude pedagógica. Curitiba: InterSaberes, 2012.

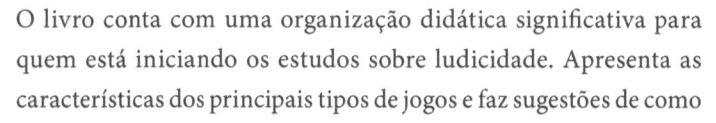

O livro conta com uma organização didática significativa para quem está iniciando os estudos sobre ludicidade. Apresenta as características dos principais tipos de jogos e faz sugestões de como trabalhar aspectos lúdicos na educação infantil e nos anos iniciais do ensino fundamental.

VIANNA, M. L. R. **Desenhando com todos os lados do cérebro**: possibilidades para transformação das imagens escolares. Curitiba: InterSaberes, 2012.

Desmitificando a ideia de que as ações cerebrais são baseadas apenas nos lados esquerdo e direito, a autora apresenta métodos de desenhar que se distanciam dos desenhos que as crianças recebem na escola, cujos modelos são padronizados e estereotipados e minimizam a imaginação, a criatividade e a percepção visual.

ZAGONEL, B. **Brincando com música na sala de aula**: jogos de criação musical usando a voz, o corpo e o movimento. Curitiba: InterSaberes, 2012.

Essa obra traz o ensino de música detalhado de forma prazerosa e contundente. Os elementos musicais são apresentados de forma bastante didática e lúdica, em formato de jogos que estimulam a percepção auditiva, a sensibilização e o fazer musical.

Respostas

Capítulo 1
Atividades de autoavaliação
1) c
2) a
3) b
4) d
5) b

Capítulo 2
Atividades de autoavaliação
1) b
2) a
3) a
4) b
5) c

Capítulo 3
Atividades de autoavaliação
1) c
2) d
3) c
4) d
5) a

Capítulo 4
Atividades de autoavaliação
1) b
2) c

3) c
4) b
5) a

Capítulo 5

Atividades de autoavaliação
1) d
2) d
3) a
4) c
5) b

Capítulo 6

Atividades de autoavaliação
1) b
2) c
3) c
4) a
5) b

Sobre a autora

Karyn Liane Teixeira de Lemos é mestre em Educação e Tecnologias Digitais pelo Instituto de Educação (IE) da Universidade de Lisboa, psicopedagoga e graduada em Pedagogia pela Universidade Federal do Paraná (UFPR) e Geografia pelo Centro Universitário Internacional Uninter. Atualmente, é professora na Escola Superior de Educação da Uninter, atuando nos cursos de graduação em Pedagogia, Psicopedagogia e Educação Especial.

Impressão:
Junho/2023

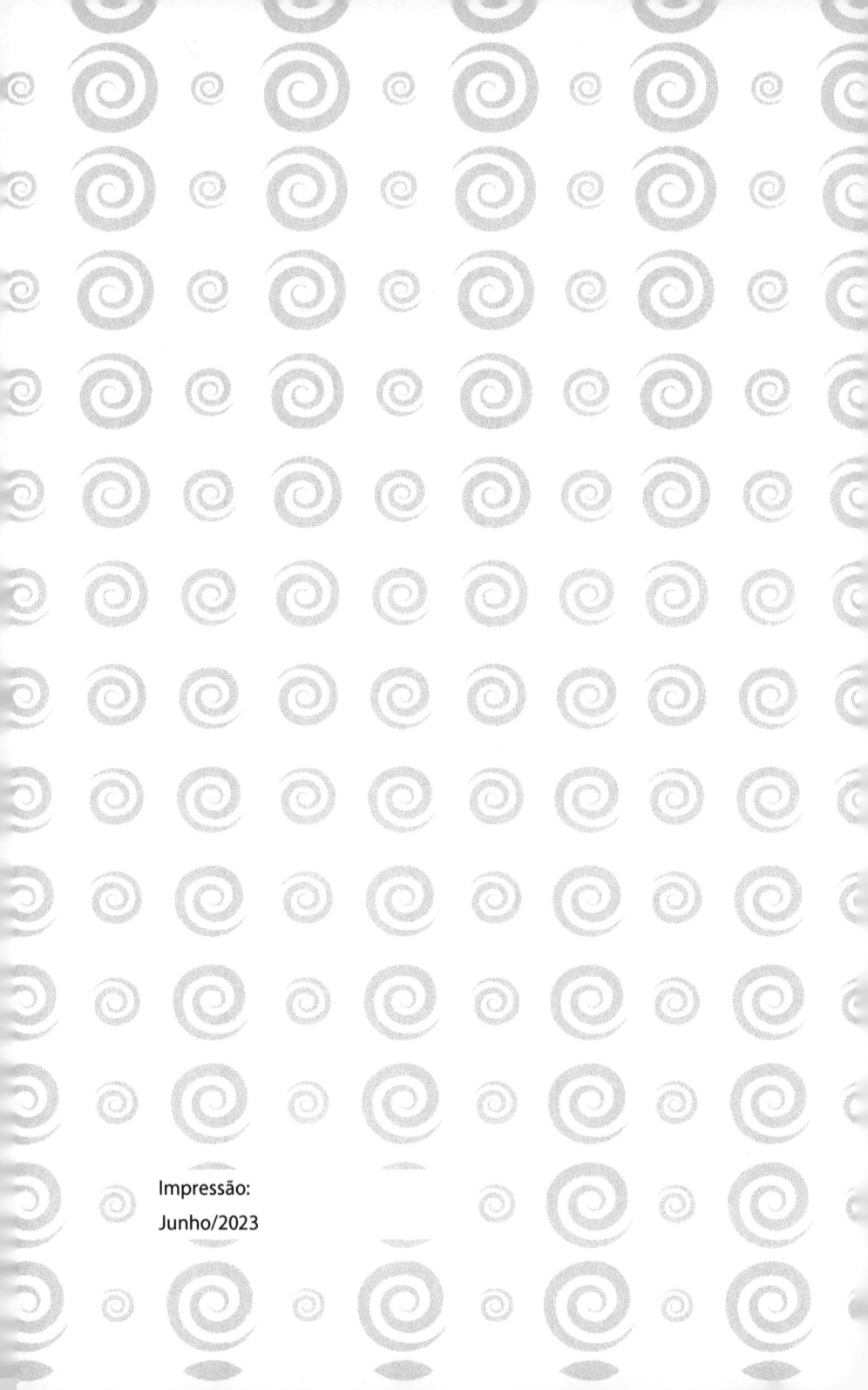